Schmetterlinge lieben Kräuter.

Paprika – Schmuck und Würze.

Schnittlauch blüht dekorativ.

Die Farbfotos auf dem Buchumschlag:
Umschlagvorderseite: Basilikum.
Umschlagseite 2: Kräuter auf der Fensterbank; von links nach rechts Salbei, Krauses Basilikum »Green Ruffles«, Basilikum »Dark Opal«, Petersilie und Zitronenmelisse.
Umschlagseite 3: Apothekergarten.
Umschlagrückseite: Kräuter im Ziergarten.

Kennen Sie das Geheimnis der Küchenkräuter? – dieser würzigen, aromatisch duftenden Pflanzen, die den Speisen erst den besonderen Geschmack geben, sie bekömmlicher machen, die mithelfen, gesünder zu leben, und die mit ihrem saftigen Grün und ihren zauberhaften Blüten eine Augenweide für jeden Pflanzenfreund sind.

Kräuterfans wissen es: Küchenkräuter bringen Gesundheit und Lebensfreude ins Haus. Und am besten schmeckt's, wenn biologisch gezogene Kräuter aus eigener Ernte frisch auf den Tisch kommen. Um in den Genuß einer eigenen Kräuterernte zu kommen, brauchen Sie noch nicht einmal einen eigenen Garten, auch auf dem Balkon und Fensterbrett gedeihen viele Kräuterarten.

Dieser farbige GU Pflanzen-Ratgeber sagt Ihnen, worauf es beim erfolgreichen Kräutergärtnern ankommt. Die Anleitungen der Autorin, der Kräuter-Expertin Christine Recht, sind leicht verständlich und für jeden nachvollziehbar. Auch gärtnerisch Ungeübte können so eine beachtliche Kräuterernte einbringen.

Gleichgültig, wo Sie Kräuter ziehen, ob auf dem Fensterbrett, dem Balkon oder im Garten, die fundierten Ratschläge der Autorin für die Anzucht und Pflege von Küchenkräutern begleiten Sie rund ums Kräuterjahr: angefangen bei Kauf, Anzucht und Pflege, bei Samen und Setzlingen, über die Ansprüche der Kräuter an den Standort (Licht, Wärme), ans richtige Substrat bis hin zum richtigen Ernten. Farbige Schritt-für-Schritt-Zeichnungen vermitteln gärtnerisches Know-how und machen auch Ungeübten Aussaat, Anzucht, Umtopfen, Gießen und die übrigen Pflegemaßnahmen leicht. Und weil sich das Kräutergärtnern keineswegs auf das traditionelle Kräuterbeet oder den Blumentopf beschränkt, gibt die Autorin eine Fülle von Anregungen (jeweils mit anschaulichen Zeichnungen) für verschiedene Pflanz- und Gestaltungsmöglichkeiten wie ein Hoch- und Pyramidenbeet für den Garten, selbstgebauter Kräuterkasten oder Kräutertreppe für Balkon und Terrasse. Ratschläge für biologische Schädlings- und Krankheitsbekämpfung fehlen ebensowenig wie Tips für die Vermehrung der selbstgezogenen Kräuter.

Und damit die Krönung der Kräuterpflege, die Ernte, den gewünschten Erfolg und Genuß bringt, erläutert die Autorin genau, wann man Kräuter am besten erntet, damit sie ihr Aroma und ihren würzigen Geschmack voll entfalten. Auch vom richtigen Konservieren (Trocknen, Einfrieren, Einlegen) ist die Rede, ebenso davon, welches Kraut zu welchem Gericht am besten paßt. Brillante Farbfotos, die meisten speziell für diesen durchgehend farbigen GU Pflanzen-Ratgeber aufgenommen, machen Appetit, Lust und Laune fürs Kräutergärtnern. Leicht gemacht wird's durch individuelle Pflegeanleitungen für die beliebtesten Küchenkräuter – jede Pflanze mit Farbfoto.

Viel Spaß beim Kräuter biologisch ziehen und beim Zubereiten gesunder, schmackhafter Speisen wünschen die Autorin und die GU Naturbuch-Redaktion.

Die Autorin

Christine Recht, Mitarbeiterin verschiedener Gartenfachzeitschriften, Autorin erfolgreicher GU-Pflanzen-Ratgeber. Alles, was sie beschreibt, hat sie vorher auf ihrem Balkon und im eigenen Garten ausprobiert.

Autorin und Verlag danken allen, die zum Gelingen dieses Buches beigetragen haben; der Fotografin Karin Skogstad und den anderen Pflanzenfotografen für die außergewöhnlich schönen Farbfotos sowie Ushie Dorner für die informativen Zeichnungen.

Wichtige Hinweise

Kräuter sind gesund, daran gibt's keinen Zweifel. Jedoch zuviel des Guten kann schaden, vor allem, wenn Kräuter als Heiltee zubereitet werden (→ Seite 35). Wenn Sie über einen längeren Zeitraum Kräuter als Heilmittel ansetzen wollen, sprechen Sie unbedingt vorher mit Ihrem Arzt.

Beachten Sie außerdem in den Kräuterbeschreibungen (→ Seite 39–60) das Stichwort »Achtung«. Dort wird angegeben, in welchen Fällen das jeweilige Kraut nicht verwendet werden soll.

Kräuter aus eigenem Anbau.
Dafür muß man keinen Garten
haben, auch auf dem Balkon und
Fensterbrett gedeihen sie.

Christine Recht

Küchenkräuter biologisch ziehen

am Fenster, auf dem Balkon
und im Garten

So gedeihen sie am besten

Experten-Rat für Anzucht, Pflege
und Vermehrung

Mit Küchentips

Mit Farbfotos bekannter
Pflanzenfotografen
Zeichnungen von Ushie Dorner

GU GRÄFE
UND
UNZER

Inhalt

Ein Rundbeet mit Kräutern und Blumen ist ein Blickfang im Ziergarten.

Wo Sie Kräuter ziehen können

Frische Kräuter machen eine Mahlzeit erst zum Genuß. Um frische Kräuter zu ernten, braucht man nicht unbedingt einen Garten. Sie können überall Kräuter ziehen, wo es warm und sonnig ist: Auf Balkonen und Terrassen, sogar im Hinterhof. Auch auf der Fensterbank im Zimmer können Sie selbstgezogene Kräuter ernten. Wo Sie überall ein geeignetes Plätzchen für Ihre Kräuter finden können, dazu im folgenden Kapitel einige Anregungen und Tips.

Kräuter auf Balkon und Terrasse

Küchenkräuter sind nicht anspruchsvoll, sie sind sogar robuster als manche Balkonblumen. Sie wachsen problemlos in Kübeln und Töpfen, wobei nicht verschwiegen werden darf, daß manche Kräuter in diesen kleinen Gefäßen nicht so groß werden wie in einem Kräuterbeet im Garten. Ihr Aroma entfalten sie auf Balkon und Terrasse aber genauso üppig.

Fast jede Wohnung, sei es nun in der Stadt oder auf dem Land, hat heute einen Balkon oder eine Terrasse, wobei unter Terrassen auch die großen Balkone höherer Etagen in mehrstöckigen Häusern zu verstehen sind. Überall hier kann man einen Kräutergarten anlegen. Sie werden staunen, wie viele Kräuter man auf kleinstem Raum ziehen kann und wie üppig die Ernte bei richtiger Pflege (→ Seite 25) ist. Zusätzliche Tips für ebenerdige Terrassen finden Sie auf Seite 9.

Die richtige Lage

Die Südlage ist ideal für Kräuter, die gerne in der vollen Sonne stehen. Kräuter, die Halbschatten verlangen, werden hier so gestellt, daß sie nicht den ganzen Tag volle Sonne haben, etwa in den Schatten von Pflanzen oder in eine Ecke, die in der Mittagshitze beschattet ist. (Die Licht- und Wärmeansprüche der beliebtesten Kräuter finden Sie in den Kräuterbeschreibungen, → Seite 39 bis 60.)

West- und Ostlagen eignen sich gut für alle Küchenkräuter. Wärmebedürftige Kräuter stellt man hier direkt an eine Wand, die mehrere Stunden voll besonnt wird. Sie gibt, nachdem die Sonne nicht mehr auf den Balkon scheint, noch lange Wärme ab.

Die Nordlage ist für Kräuter wenig geeignet. Hier kann man bestenfalls Brunnenkresse oder auch Schnittlauch ziehen. Ausgesprochene Sonnenkräuter gedeihen hier nicht.

Windig sind meistens Balkone und Terrassen, die höher als im 5. Stockwerk liegen und solche, die aus der Hausfassade herausragen. Hier sollten Sie die Kästen mit den Kräutern niemals außen an die Brüstung hängen, im Zug gedeihen sie nicht. Der bessere Platz ist innen an der Balkonbrüstung, der beste windgeschützt an der Hauswand.

An stark befahrenen Straßen sind vor allem die Balkone und Terrassen in den unteren Stockwerken zur Haltung von Kräutern ungeeignet. Die sensiblen Pflanzen nehmen die Giftstoffe von Autoabgasen aus der Luft auf und werden dadurch ungenießbar.

Auf das Gewicht achten!

Ein wichtiger Punkt, der beim Gärtnern auf Balkonen und höher gelegenen Terrassen stets beachtet werden muß, ist das Gewicht der Kübel und Kästen. Die Pflanzen wiegen zwar nicht sehr viel, aber das Gesamtgewicht von Kübel und Erde dürfen Sie nicht unterschätzen. Außerdem nimmt das Gewicht eines Kübels nach gründlichem Gießen um etwa die Hälfte zu.

Die zulässige Belastung liegt im allgemeinen bei 250 kg pro Quadratmeter. Hiervon ist das Gewicht des Bodenbelags noch abzuziehen. Im Zweifelsfall sollten Sie einen Statiker fragen oder die Baupläne und die dazu gehörende Statik einsehen!

Pflanzgefäße für Balkon und Terrasse

Das Angebot an geeigneten Pflanzgefäßen ist so groß, daß Sie bestimmt etwas Passendes für Ihren Balkon oder Ihre Terrasse finden. Außerdem finden Sie in diesem Kapitel viele Anregungen zum Selberbauen.

Blumentöpfe

In Blumentöpfen gedeihen fast alle Küchenkräuter gut.

Größe: Achten Sie darauf, daß Kräuter, die große Wurzelballen oder Pfahlwurzeln haben, in ausreichend großen und tiefen Töpfen

Die sonnige Treppe ist ein idealer Platz für alle Kräuter. In Tontöpfen fühlen sie sich besonders wohl.

stehen. Flachwurzler wie etwa Thymian oder Petersilie können auch in Blumenschalen wachsen. Als Grundregel gilt: Je größer der Topf, desto besser gedeiht das Kraut. Sie können nicht erwarten, daß eine Pflanze in einem Topf mit nur 12 cm Durchmesser sehr groß heranwächst, 20 cm Durchmesser sollte der Topf mindestens haben.

Tontöpfe: Sie sind für Kräuter grundsätzlich besser geeignet als Plastiktöpfe. Die meisten Kräuter stehen lieber trocken. Durch die feinen Poren des ungebrannten Tons entweicht viel Feuchtigkeit.

Plastiktöpfe: In ihnen verdunstet das Wasser nur nach oben. Sie eignen sich also nur für feuchtigkeitsliebende Kräuter wie Petersilie oder Schnittlauch.

Stellmöglichkeiten: Wenn man eine Anzahl verschiedener Kräuter ziehen will, nehmen die einzelnen Töpfe viel Platz in Anspruch. Doch man kann sich behelfen:

● Stellen Sie die Töpfe in Etagen auf, zum Beispiel eine Reihe von Töpfen auf eine Bank und die zweite unter die Bank. Oben stehen die sonnenhungrigen, unten die Halbschatten liebenden Kräuter.

● Nach diesem Prinzip läßt sich auch ein Wandregal anordnen (→ Zeichnung Seite 11).

● An der Schmalseite Ihres Balkons können Sie eine Kräutertreppe (mit drei Stufen) aufstellen. Aus ein paar stabilen Brettern kann man solch eine Treppe leicht selber bauen.

● Die äußere, sonnige Fensterbank des Fensters zum Balkon ist ein guter Platz für Kräuter in Töpfen. Man kann sie mit blühenden Blumen in Töpfen kombinieren.

Holzkasten auf Rollen.

Boden und Seitenteile (mit Falz) zuschneiden, Blendleisten auf Gehrung schneiden. Abzugslöcher in den Boden bohren. Seitenteile zusammenfügen und verschrauben und so an den Boden leimen, daß sie etwas überstehen, die Rollen aber nicht behindern. Blendleisten oben auf die Seitenteile leimen und verschrauben. Kasten innen mit Silikon ausstreichen.

Kräuterkästen

Sie sparen viel Platz auf dem Balkon. In einen größeren Kasten können Sie eine ganze Anzahl verschiedener Kräuter setzen.

Größe: Wichtig ist, daß die Kästen groß und tief genug sind, um ausreichend Platz für die Wurzeln mehrerer Pflanzen zu bieten. In einen Kasten mit 60 cm Seitenlänge und 40 cm Tiefe können Sie mindestens fünf Pflanzen setzen.

Material: Schön sehen Holzkästen aus, aber auch gegen formschöne Kästen aus Plastik ist nichts einzuwenden. Im Gegensatz zu den kleinen Plastiktöpfen ist dieses Material bei größeren Kästen sogar eher ein Vorteil, weil bei der größeren Erdoberfläche das Wasser nicht so schnell verdunstet. Kästen aus Beton sind für Balkone zu schwer.

Stellmöglichkeiten: Im Handel sind Pflanzkästen in vielen Formen und Größen, sie werden für Kübel- und Balkonblumen angeboten. Nutzen Sie die verschiedenen Formen der Kästen: Dreieckige Kästen kann man platzsparend in eine Ecke stellen, kleine sechseckige Kästen zu einer Gruppe zusammenfügen, runde Kästen beanspruchen viel Platz.

Sehr brauchbar für kleinere Kräuter sind die normalen Blumenkästen, wie sie für Balkonblumen verwendet werden. Man kann sie an die Brüstung hängen, auf das Fensterbrett oder auf Blumentreppen (im Fachhandel erhältlich) stellen.

Kästen aus Holz selber bauen (→ Zeichnung oben). Darauf ist vor allem zu achten:

● Hartholz (Eiche, Buche) hält sehr viel länger als weiches Holz (Tanne, Kiefer).

● Holzteile verzapfen oder mit Winkeleisen und Messingschrauben zusammenfügen. Nägel rosten schnell.

● Abzugslöcher im Boden anbringen und den Kasten auf kleine Pflöcke oder Leisten stellen, damit der Boden von unten immer gut belüftet ist. Ein ständig nasser Kastenboden fault innerhalb kürzester Zeit durch.

● Den Holzkasten innen mit einem pflanzenungiftigen Mittel oder mit Silikon (im Heimwerkermarkt erhältlich) ausstreichen. Wenn Sie den Kasten mit einer Folie ausschlagen, dann nur an den Seiten, der Wasserabfluß nach unten muß unbedingt gewährleistet sein, denn Kräuter sind empfindlich gegen Staunässe.

Mein Tip: Praktisch ist es, wenn Sie den Kräuterkasten auf ein Rollenbrett stellen oder unter alle vier Ecken Möbelrollen schrauben. So können Sie im zeitigen Frühjahr und im Herbst die Kräuter mühelos der Sonne nachschieben.

Wandgewächshaus

Im Fachhandel werden schmale Wandgewächshäuser in verschiedenen Größen angeboten. Achten Sie darauf, daß eine ausreichende Querlüftung vorhanden ist. Hinter den Glasscheiben kann es an sonnigen Tagen sehr heiß werden, zu heiß sogar für wärmeliebende Küchenkräuter.

Im Wandgewächshaus können Sie im zeitigen Frühjahr die Kräuter selber heranziehen – und natürlich auch alle Ihre Balkonblumen. Steht das Glashaus an einer Südwand, müssen Sie es beschatten. Ein einfaches Bambusrollo oder ein Nesselvorhang genügt schon.

Hängeampeln

Als Ampeln eignen sich Gefäße aus Ton, Holz und Kunststoff, aber auch Draht- und Weidenkörbe. Körbe werden innen mit Folie, die ausreichend Löcher zur Entwässerung hat, ausgekleidet. Achten Sie darauf, daß Ampeln nicht im Durchzug hängen. Das schadet den Pflanzen und kann bei starkem Wind zu Unfällen führen.

Hinweis: Die Aufhängevorrichtungen für Ampeln müßten sicher haltend eingedübelt werden.

Mein Tip: Hängen Sie die Ampeln nicht so hoch, daß Sie für jede Handvoll Kräuter auf eine Leiter steigen müssen.

Kräuterfaß

Das Kräuterfaß ist eine ebenso praktische wie einfache Lösung, das Faß kann überall stehen. Die Kräuter haben auf kleinstem Raum viel Platz, um sich zu entfalten. Im Handel gibt es sogenannte Erdbeerfässer zu kaufen, das sind Kunststofffässer mit Löchern oder kleinen ausgebauchten Taschen.

Selber bauen: Sie brauchen eine nicht zu große Kunststofftonne. Und so wird's gemacht (→ Zeichnung rechts)

● Schneiden Sie in die Seitenwände versetzt mehrere Löcher mit etwa 15 cm Durchmesser. In diese Löcher kommen später die Kräutersetzlinge.

● Bohren Sie in den Faßboden mit einem 6-mm-Holzbohrer mehrere Wasserabzugslöcher.

● In die Mitte der Tonne stellen Sie eine dicke, mit grobem Kies gefüllte Pappröhre. Sie sorgt später für eine gute Bewässerung.

● Dann füllen Sie etwa 20 cm hoch Kies in die Tonne.

● Als Substrat brauchen Sie eine Mischung aus Erde und Kompost (→ Seite 16).

● Damit das Substrat mitsamt den Pflanzen nicht aus den Löchern fällt, schneiden Sie aus Baumwolle, Sackleinen oder Nylonstrümpfen Stücke, die etwas größer sind als die Löcher im Faß. In die Mitte dieser Lappen schneiden Sie kleine Löcher, durch die Sie die Wurzeln der Kräutersetzlinge ziehen.

● Die Tonne wird von unten nach oben bepflanzt: Den Setzling von außen durch das Loch in das Faß schieben, den Lappen an die Tonnenwand anlegen und Substrat einfüllen.

● Die Papperöhre muß stets aufrecht stehen bleiben. Nach dem Einpflanzen wird ein Plastiktopf ohne Boden auf die Röhre gestellt, durch den Sie dann regelmäßig gießen. Die Pappe zersetzt sich, übrig bleibt ein Kern aus Kies, über den man jahrelang die Kräuter im Faß bewässern kann.

Ein Kräuterfaß anlegen.

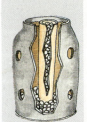

In die Seitenwände einer Kunststofftonne Löcher schneiden, eine Kiesschicht einfüllen, eine Papprolle in die Mitte stellen und mit Kies füllen. Bepflanzt wird von unten nach oben, die Wurzeln des Setzlings durch ein Stück Stoff mit einem Loch ziehen. Diese innen an die Tonnenwand anlegen und Substrat auffüllen. So fallen die Jungpflanzen nicht heraus.

Mein Tip: Das Substrat setzt sich mit der Zeit und wird von den Kräutern durchwurzelt. Es fällt nicht mehr aus der Öffnung, so daß die Prozedur mit den Lappen nicht mehr nötig ist, wenn Sie einmal eine Pflanze ersetzen wollen.

Spezielle Tips für Terrassen im Erdgeschoß

Viele Wohnungen im Erdgeschoß haben eine Terrasse, die mehr oder weniger ebenerdig liegt und meistens keine Brüstung hat. Für diese Terrassen bieten sich natürlich dieselben Möglichkeiten an, Kräuter zu ziehen, wie auf einem Balkon oder auf den höher gelegenen Terrassen. Nachfolgend finden Sie

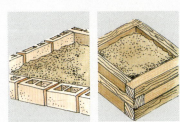

Kasten ohne Boden. Hohlblocksteine nebeneinander legen oder Vierkanthölzer mit Winkeleisen zusammenschrauben.

noch andere attraktive Lösungen. Achten Sie darauf, daß Ihre Kräuter die notwendige Menge an Sonnenschein bekommen. Denken Sie daran, daß die Randbepflanzung oder gar eine Sichtschutzbepflanzung sehr viel Schatten wirft. Ist Ihre Terrasse von einer bewachsenen Pergola oder einer Markise beschirmt, müssen die Kräuter nach vorne, ans Licht. Liegt die Terrasse frei in der Sonne, ist der beste Platz direkt an der Hauswand.

Kasten ohne Boden

Dieser Kasten kann ein dauerhaftes Kräuterbeet sein. Sie können darin eine Menge verschiedener Kräuter ziehen und ihn im Frühjahr und Herbst mit einem Folientunnel wie ein Frühbeet abdecken. Sie haben damit die Möglichkeit, sehr früh und sehr lange zu ernten.

Standort: Geben Sie dem Kasten einen Stammplatz. Er wird mit recht viel Erde gefüllt, so daß er sich nur schwer an einen anderen Platz stellen läßt. Der ideale Standort: am Rand der Terrasse, wo keine Platten liegen. Hier gibt es keine Probleme mit dem Wasserabzug. Plant man bereits beim Bau einer Terrasse solch einen Kasten ein, so können die Platten an dieser Stelle ausgespart werden.

Sie können den Kasten auf die Platten stellen, wenn Sie für ausreichenden Wasserabzug sorgen.

Selber bauen (→ Zeichnung Seite 9 unten). Einen Kasten ohne Boden müssen Sie selber bauen, im Handel gibt es ihn nicht.

● Der Kasten sollte nicht höher als 50 cm sein, sonst wird der Druck der eingefüllten Erde zu stark.

● Geeignetes Material: Vierkanthölzer oder Eisenbahnschwellen, die versetzt aufeinander gelegt und innen mit Winkeleisen zusammengehalten werden; Bohlenbretter, die an allen vier Ecken auf Kanthölzer geschraubt werden.

Hinweis: Eisenbahnschwellen und tiefdruckimprägniertes Holz (beim Kauf informieren) enthalten pflanzengiftige Substanzen, deshalb zwischen Seitenwände und Substrat eine stabile Folie legen. Rohes Holz mit einem pflanzenungiftigen Mittel (im Fachhandel) imprägnieren, da es ohne diesen Schutz sehr schnell verrottet.

● Andere Baumöglichkeiten: Den Kasten aus Ziegeln mauern oder Hohlblocksteine einfach nebeneinanderlegen. In die Aussparung der Hohlblocksteine füllt man ebenfalls Substrat, das gibt zusätzlichen Pflanzraum.

Wichtig: Wenn der Kasten auf den Terrassenplatten steht, müssen Sie einen Wasserabzug anbringen: Bei Kästen aus Holz direkt über dem Boden im Abstand von 20 cm Aussparungen aussägen. Bei gemauerten Kästen Abflußöffnungen mit einem Steinbohrer ausspitzen.

● In den fertigen Kasten füllen Sie eine etwa 10 cm dicke Kiesschicht, bedecken den Kies mit einem Kunststoff-Vlies oder einer geschlitzten Folie und füllen darauf das Substrat.

Mein Tip: Normalerweise haben Terrassen eine kaum merkliche Neigung vom Haus weg, damit das Regenwasser abfließt. Prüfen Sie vor dem Bau eines Kastens mit der Wasserwaage, ob diese Neigung (maximal 2 %) auch bei Ihrer Terrasse vorhanden ist. Wenn nicht, bekommt der Kasten an der Hausseite keine Abflußöffnungen.

Kräutertreppe

Die Kräutertreppe kann auf der Terrasse zweiseitig gebaut werden. Und sie darf etwas höher sein als auf dem Balkon. Steil angeordnete Stufen auf beiden Seiten der Treppe bieten viel Platz für Töpfe und Schalen mit duftenden Kräutern. Darauf sollten Sie achten:

● Die oberste Stufe sollte die doppelte Breite der übrigen Stufen haben. Hier können große Töpfe stehen.

● Die Treppe muß stabil sein, da sie einiges Gewicht zu tragen hat.

● Stellen Sie die Treppe so auf, daß alle Stufen Sonne bekommen. Also nicht mit einer Seite nach Süden, dann stehen die Pflanzen auf der Rückseite im Schatten. Besser ist es, die Treppe in Ost-West-Richtung auszurichten und die sonnenhungrigsten Pflanzen an das Südende der Stufen zu stellen.

Kräuter rund um die Terrasse

Zwischen den Zierpflanzen rund um die Terrasse können Sie Kräuter ansiedeln. Meist sind die Terrassen ja etwas erhöht gebaut, das Auffüllmaterial ist durchlässig, der Boden also recht trocken.

Ist ein Steingarten angelegt, fühlen sich hier alle mediterranen Kräuter wohl wie Origano, Thymian, Majoran, Rosmarin und Salbei. Die Steine halten die Wärme auch nachts, der Standort ist deshalb optimal.

Andere Kräuter pflanzen Sie zwischen Stauden und Sommerblumen. Achten Sie dabei nur darauf, daß die Pflanzenkombinationen die gleichen Ansprüche an Nahrung und Wasser haben.

Kräuter im Garten

Im Garten sind die Möglichkeiten, Kräuter anzupflanzen, sicherlich am vielfältigsten. Selbst auf kleinsten Grundstücken, die keinen Platz für einen Gemüsegarten bieten, kann ein Kräuterbeet im Rasen ein attraktiver Blickfang sein. Neben dem traditionellen Kräuterbeet gibt es eine ganze Reihe dekorativer Möglichkeiten.

Kräuterhügel

Wenn der Kräuterhügel dicht bewachsen und am Rand mit niedrigen Sommerblumen bepflanzt ist, ist er nicht nur nützlich, sondern auch ausgesprochen schön.

So wird's gemacht:

● Mit Hilfe einer Schnur, einem Stock und kleinen Holzpflöcken stecken Sie einen Kreis im Rasen ab und heben den Rasenboden ab.

Balkongewächshaus.
Im Frühling und Herbst kann ein einfaches Wandregal zu einem Gewächshaus umfunktioniert werden. Das Gewächshaus gibt es zu kaufen.

◁ *Duft und Farbe.*
Lavendelbüsche bringen Duft und Farbe. Auf dem Balkon pflanzt man sie unter Kübelpflanzen.

- Erde einen Spaten tief lockern.
- Bauen Sie dann entlang der Kreismarkierung eine etwa 50 cm hohe Trockenmauer aus Feld- oder Sandsteinen: Die Steine werden nur aufeinander gelegt, nicht gemörtelt. Die Zwischenräume füllen Sie mit Erde, in die Sie Steingartenpflanzen setzen können.
- Zuunterst in den gemauerten Kreis füllen Sie eine 10 cm dicke Schicht Kies als Drainage ein, dann Mutterboden, Sand und Kompost bis an den Rand und häufen einen kleinen Hügel auf.
- Oben auf den Hügel pflanzen Sie die größeren Kräuter, die anderen Kräuter werden nach ihrem Sonnenbedarf verteilt.

Kräuterspirale

Eine Weiterentwicklung des Kräuterhügels ist die Kräuterspirale. Sie erfüllt die unterschiedlichsten Standortwünsche der Kräuter.
<u>So wird's gemacht</u> (→ Zeichnung unten):
- Aus Bruch- oder Ziegelsteinen wird eine spiralförmige Trockenmauer nach dem Prinzip eines Schneckenhauses gebaut. Der höchste Teil soll nicht höher als 80 cm sein.
- In das Innere zuerst Schotter, dann ein mageres Gemisch aus Erde, Kompost und Sand füllen.

- Im oberen Teil soll die Erde besonders mager sein, hier finden alle sonnenliebenden Kräuter ihren Platz.
- Wo die Spirale ausläuft, also flacher wird, reichern Sie die Erde mit mehr Kompost an – für die Kräuter, die mehr Nahrung brauchen.

Mein Tip: Am unteren Ende der Spirale können Sie einen winzigen Teich anlegen. Eine in die Erde eingegrabene Plastikwanne genügt, darin finden Brunnenkresse und Wasserminze ihren Platz.

Rundbeet

Das Rundbeet ist die einfachste Lösung für ein Kräuterbeet im Rasen.
<u>So wird's gemacht:</u>
- Einen exakten Kreis abstecken und den Rasensoden abnehmen.
- Den Boden auflockern und mit einem Erde-Kompost-Sand-Gemisch auffüllen.
- Das Rundbeet kann mit niedrigen Blumen eingegrenzt werden.

Hochbeet

Das Hochbeet wird auf offenem Boden angelegt, also nicht etwa auf einem betonierten oder gepflasterten Platz.
<u>So wird's gemacht:</u>
- Bauen Sie aus Bohlen, neuen Eisenbahnschwellen oder Ziegelsteinen einen mindestens 1 m

hohen viereckigen Kasten. Er muß gut verankert sein (Fundament bauen oder Bohlen in die Erde rammen), da er den Druck von ziemlich viel Erde aushalten muß.
- Damit das Wasser abfließen kann, den Boden im Bereich des Hochbeets gründlich lockern.
- Nun füllen Sie das Hochbeet. Die unterste Schicht – etwa 40 cm hoch – besteht aus Zweigen und anderem verrottbarem Material: Legen Sie zuerst grob zerkleinerte dicke Äste hinein, darauf zerhackte dünne Zweige, darüber streuen Sie Fallaub, Rasenschnitt oder ähnliches Material, das gut verrottet. Dann folgt eine 40 cm hohe Schicht aus Mutterboden und darauf – 20 cm hoch – eine Mischung aus Gartenboden, Kompost und Sand.
- Das Hochbeet setzt sich im Laufe der Jahre, weil die unterste Schicht verrottet (dabei wird viel Wärme freigesetzt, die den Kräutern nützt). Man muß also in jedem Jahr oben wieder etwas neue Erde mit Kompost nachfüllen.
- Sie können viele verschiedene Kräuter recht eng pflanzen, da sich die Wurzeln in dem lockeren Boden gut nach unten ausbreiten können. An die Ränder pflanzen Sie nach Lust und Laune entweder hängende Blütenpflanzen oder Gemüse, das nach unten wächst.

Pyramidenbeet

Ein Pyramidenbeet wird ähnlich angelegt wie ein Hochbeet. Die Pyramide besteht aus drei Kästen ohne Boden, jeder etwa 40 cm hoch.
<u>So wird's gemacht:</u>
- Den Boden im Bereich des Beetes gründlich lockern.
- Den ersten Kasten aufstellen und genau wie das Hochbeet mit Holzabfällen und Erde füllen.
- Darauf den zweiten kleineren Kasten stellen, auffüllen und zum Schluß den dritten Kasten aufsetzen und Substrat hineingeben.

*Kräuterspirale
anlegen.*

Eine spiralförmige Trockenmauer aus Bruchsteinen oder Ziegelsteinen bauen (nicht höher als 80 cm). Substrat einfüllen, unten nährstoffreiches, nach oben hin mageres. Am Fuß der Spirale einen kleinen Teich anlegen. Oben sonnenhungrige, unten nährstoffliebende Kräuter pflanzen.

Pyramidenbeet
und Hochbeet.

Aus Bohlen (links) oder Ziegelsteinen (rechts) einen etwa 1 m hohen Kasten bauen. Mit Maschendraht gegen Wühlmäuse sichern. Für das Pyramidenbeet auf das Hochbeet einen kleineren Kasten setzen (Mitte). Kräuter können eng gepflanzt werden, an den Rand hängende Pflanzen setzen (Gurken, Erdbeeren, Blumen).

Mein Tip: Die Pyramide mit ihren drei Ebenen bietet den Kräutern jeweils genau, was sie brauchen: Füllen Sie den untersten Kasten mit nahrhafterem Substrat für die entsprechenden Kräuter (→ Pflegeanleitungen, Seite 39 bis 60), in den obersten geben Sie ein mageres, kalkhaltiges Substrat für die Sonnenkräuter.

Kräuter rund um den Rasen

In den Rabatten rund um den Rasen gedeihen Kräuter ebenfalls gut, wenn Sie die Standorte so auswählen, daß die Kräuter dieselben Ansprüche an Wasser, Dünger und Licht haben wie die Stauden, mit denen sie zusammen gepflanzt werden. Achten Sie beim Einpflanzen darauf, daß Kräuter, die im Laufe des Sommers recht groß werden, ausreichend Platz haben.

Das traditionelle Kräuterbeet

Es ist die einfachste Lösung, Kräuter im Garten anzupflanzen. Ein Quadratmeter genügt vollauf für alle Kräuter, die man braucht. Achten Sie darauf, daß der Boden mager und locker ist, notfalls lehmigen Boden mit Sand oder feinem Kies mischen. Wenn Sie das Kräuterbeet mit niedrigem Buchs einfassen, wirkt es besonders dekorativ.

Kräuter im Hinterhof

Die Tendenz, Hinterhöfe zu begrünen, ist in den letzten Jahren stetig gewachsen. Und warum sollte nicht auch hier ein Kräuterbeet seinen Platz finden? Natürlich muß der Hinterhof genug Sonne haben, und aufgrund des meist unbrauchbaren Bodens muß in die Höhe gebaut werden. Hier bieten sich also Gestaltungsmöglichkeiten an, wie sie für Terrasse und Balkon beschrieben wurden, zum Beispiel das Kräuterfaß (→ Seite 8). Aber auch ein Hochbeet (→ Seite 12) oder ein Pyramidenbeet (→ Seite 12) sind ideal für den Kräutergarten im Hinterhof.

Blumenkasten vor dem Fenster

In einem Blumenkasten findet ein ganzes Sortiment von Kräutern Platz. Luft und Sonne bekommen den Kräutern sehr gut. Sie können den Kasten vor das Fenster stellen, wenn

● das Fenster nicht höher als im fünften Stock liegt (weiter oben ist es zu windig);
● das äußere Fensterbrett breit genug ist;
● Sie stabile Blumenkastenhalte-

rungen so verankern, daß der Kasten unter dem Fensterbrett hängt.
Wichtig: In jedem Fall müssen Sie den Kasten so gut sichern, daß er nicht herabstürzen kann!

Mein Tip: Im Handel gibt es durchsichtige Schutzhauben für Blumenkästen, die Pflanzen vor Wind und Schlagregen schützen – eine nützliche Sache auch für Kräuter vor dem Fenster.

Kräuter auf der Fensterbank

Kräuter können Sie natürlich auch im Zimmer auf der Fensterbank ziehen. Aber sie gedeihen lange nicht so gut wie im Freien, darüber sollte man sich von vornherein im klaren sein. Weil die Pflanzen im Zimmer keine direkte Sonnenbestrahlung haben, ist bei den meisten von ihnen das Aroma nicht so kräftig wie bei Freilandpflanzen. Es gibt aber dennoch eine ganze Reihe von Pflanzen, die sich auf der Fensterbank gut halten lassen. Am besten eignen sich einjährige Kräuter, bei denen man in Kauf nimmt, daß man sie durch neue Pflanzen ersetzt, wenn sie abgeerntet sind.
Geeignete Pflanzen: Basilikum, Kerbel, Kresse, Melisse, Petersilie, Pimpinelle, Thymian und Schnittlauch.
Die Fensterlage: Am besten gedeihen Kräuter an Ost- und Westfenstern. Ein Südfenster ist nicht geeignet, vor allem im Sommer wird es hier selbst für die wärmeliebenden Kräuter zu heiß. Am Nordfenster sind Mißerfolge programmiert, die Pflanzen bekommen nicht genügend Licht.
Wichtig: Am Fenster müssen die Kräuter öfter gegossen werden als im Freien, weil sie in der trockenen Zimmerluft – sie ist auch im Sommer viel trockener als draußen – schneller austrocknen. Auch Sprühen mit entkalktem Wasser ist notwendig.

1. Basilikum, grün

2. Basilikum, rot

3. Basilikum, kraus

4. Kerbel

5. Origano

6. Estragon

Die Fotos zeigen:
1. Basilikum. Die grüne Sorte ist aromatischer.
2. Basilikum. Rote Sorten wirken dekorativ.
3. Basilikum. Die Sorte »Green Ruffles« ist noch selten.
4. Kerbel. Wächst schnell, auch in Töpfen.
5. Origano. Braucht viel Platz zum Wachsen.
6. Estragon. Wächst zügig bei ständigem Entspitzen.

Mein Tip: Stellen Sie Ihre Fensterbank-Kräuter an warmen Tagen auf das äußere Fensterbrett. Sonne und frische Luft verbessern das Aroma. Sichern Sie die Töpfe und Kästen aber unbedingt so, daß sie nicht auf die Straße fallen können!

Pflanzgefäße für die Fensterbank
Blumentöpfe sind für die Fensterbank die besten Gefäße für Kräuter. Tontöpfe sind besser als Plastikgefäße, auch wenn man öfter gießen muß. Staunässe und kalte Füße sind tödlich für fast alle Kräuter. Wenn

Sie die Blumentöpfe in dekorative Übertöpfe stellen, ist es ein absolutes Muß, eine Stunde nach dem Gießen nachzuschauen, ob unten im Übertopf Wasser steht – wenn ja, muß es ausgegossen werden. Pflanzentröge sind eine hübsche Alternative zu Einzeltöpfen. In Terrakotta-Tröge zum Beispiel können Sie eine ganze Reihe von Kräutertöpfen stellen und in Blähton oder Torf einfüttern. Torf und Blähton nehmen die Feuchtigkeit auf, die aus den Abzugslöchern der Töpfe läuft und geben sie nach und nach

1. Petersilie

2. Zitronenmelisse

3. Pfefferminze

4. Majoran

5. Rosmarin

6. Salbei

wieder an die Pflanzen ab. Es entsteht keine Staunässe, und man muß weniger gießen. Ein weiterer Vorteil: Die Feuchtigkeit aus dem Füllmaterial verdunstet und gibt Luftfeuchtigkeit an die Blätter der Kräuter ab. Das bekommt ihnen ausgesprochen gut.

Fensterregal

Ein Regal im Fenster garantiert die größtmögliche Helligkeit für die Kräuter am Fenster. Es eignet sich aber nur für kleine Töpfe und leichte Pflanzen.

So wird's gemacht:
- In eine doppelt geführte starke Nylonschnur oder einen festen Draht mehrere schmale Regalbretter einfädeln.
- An der Unterseite mit einer Holzkugel oder Holzleisten justieren.
- Das Regal wird an Haken, die man oben in die Fensterleibung eindübelt, gehängt.

Wichtig: Das Regal eignet sich nur für Fenster, die weder geöffnet noch gekippt werden.

Die Fotos zeigen:
1. Petersilie. Glatte ist aromatischer.
2. Zitronenmelisse. Wird sehr groß und breit im Topf.
3. Pfefferminze. Verbreitet einen feinen Duft.
4. Majoran. Ist sehr empfindlich gegen Kälte.
5. Rosmarin. Würz- und Zierpflanze zugleich.
6. Salbei. Würzt und heilt. Bunte Sorten sind dekorativer.

15

Auf die richtige Erde kommt es an

Wenn man Küchenkräuter in Pflanzgefäßen oder auf kleinstem Raum im Garten zieht, ist die richtige Erde für ihr Gedeihen besonders wichtig. Denn so anspruchslos die meisten Kräuter auch sind, sie brauchen dennoch bestimmte Nährstoffe. Anders als im Gartenboden, werden im Pflanzgefäß die von den Pflanzen entzogenen Nährstoffe nicht mehr auf natürliche Weise ersetzt.

Die Erde in Pflanzgefäßen

Im Gartenboden erneuern sich die Nährstoffe sozusagen selbst. Millionen von Kleinstlebewesen und Regenwürmer arbeiten den Boden ständig um.

Die Kräuter, die ohnehin keine großen Ansprüche an Dünger stellen, gedeihen im Gartenboden jahrelang problemlos.

Anders in Pflanzgefäßen: Weil man Kräuter nicht üppig düngen darf (→ Seite 26), ist die Erde in diesen Gefäßen nach einem Jahr »tot«. Darum müssen Sie von vornherein dafür sorgen, daß die Kräuter ein ausreichendes und richtiges Nahrungsangebot in dem beschränkten Raum im Topf finden. Sie müssen auch jedes Jahr neues Substrat verwenden – das alte können Sie bestenfalls als Zusatz zu gut gedüngten Blumenerden für Ihre Balkonblumen verwenden.

Erden, die man kaufen kann

Blumenerde: Sie ist für Kräuter im allgemeinen nicht geeignet. Bestenfalls Liebstöckel, Schnittlauch, Estragon und Boretsch gedeihen in einer Mischung aus Blumenerde, Sand und Kompost. Blumenerde ist stark gedüngt, und Dünger mögen die meisten Kräuter nur in kleinsten Mengen. Viele gedeihen in zu stark gedüngter Erde gar nicht, andere werden zwar recht groß, büßen aber ihr Aroma ein.

Torfkultursubstrate: TKS 1 und TKS 2 eignen sich recht gut. Das sind Mischungen aus Lehmerde und Torf, die mit etwas Dünger angereichert sind. TKS 1 enthält keinen Dünger, es eignet sich deshalb vor allem für die Anzucht und für Kräuter, die sehr mageren Boden brauchen. TKS 2 enthält etwas mehr Dünger, muß aber für Kräuter noch mit etwas Sand und Kompost, gegebenenfalls mit etwas Kalk, gemischt werden.

Einheitserde: Sie besteht aus lehmiger Erde, Torf und Schaumstoffkügelchen oder anderen lockernden Materialien. Diese Erde eignet sich recht gut für Kräuterkulturen, aber auch sie muß entsprechend den Bedürfnissen der Kräuter mit Sand oder Kompost, oder mit beidem, gemischt werden.

Torf: Enthält keinerlei Nährstoffe, hat aber die Eigenschaft, Wasser gut zu speichern. In reinem Torf wächst nichts. Kräuter, die sehr mageren Boden verlangen, sind in einer Mischung aus gleichen Teilen von Torf, Sand (oder sehr feinem Kies) und Kompost sehr gut untergebracht.

Erden, die nichts kosten

Für Ihre Kräutergärtnerei in Pflanzgefäßen können Sie auch Gartenerde oder Erde aus der freien Natur verwenden. Diese Erden müssen aber aufbereitet werden. Jeder, der einmal versucht hat, eine Topfpflanze in Gartenerde zu ziehen, weiß, daß sich aus dieser Erde in Pflanzgefäßen bald ein steinharter Klumpen bildet.

Achten Sie bitte darauf, daß die Erde, die Sie verwenden, nicht durch Dünger oder Pestizide und andere Schadstoffe belastet ist. Fragen Sie den Garten- beziehungsweise Gärtnereibesitzer – und Vorsicht mit Erde von Äckern.

Gartenerde: Man bekommt sie in kleinen Mengen von Freunden, die einen Garten haben, sicherlich auch von einem freundlichen Gärtnereibesitzer.

Achten Sie darauf, mit welcher Art von Gartenerde Sie es dabei zu tun haben:

• Sandiger Gartenboden muß gar nicht oder nur wenig mit Sand vermischt werden, braucht aber etwas Torf und Steinmehl als Zugabe, damit er die Nährstoffe und das Wasser festhalten kann.

• Ideal ist humoser Gartenboden von Beeten, deren Erde locker und krümelig ist. Er muß mit Sand oder Torf und mit etwas Kompost gelockert werden.

• Lehmiger Gartenboden eignet sich für die Kräutergärtnerei nur, wenn er mit derselben Menge Sand oder Torf oder mit Kompost vermischt wird.

Maulwurfserde: Ist ein gut geeignetes Substrat, das frei von Unkrautsamen ist. Allerdings hat Maulwurfserde nicht sehr viele Nährstoffe, denn die Maulwürfe werfen sie aus recht tiefen Erdschichten heraus. Sie ist, je nach Beschaffenheit des Bodens, sandig oder lehmig, sie muß also wie Gartenerde für Kräuter aufbereitet werden. Sie braucht Langzeitdünger und mehr Kompost als Gartenerde, die schon eine Menge Nährstoffe enthält.

Die richtige Mischung

Die Mischung des Substrats richtet sich nach den Bedürfnissen der Pflanze. Und diese wiederum sind ganz von der Herkunft der Kräuter geprägt. Denn nicht vergessen: Küchenkräuter sind Wildkräuter! In einem Substrat, das dem gleicht, in dem sie auf ihren natürlichen Standorten wachsen, gedeihen sie am besten. Welche Mischung die verschiedenen Kräuter jeweils brauchen, ist in der Tabelle auf Seite 18 angegeben.
Man unterscheidet drei Substrate, die durch die richtige Mischung entstehen.
Sehr mageres Substrat: Man mischt 1/3 TKS 2, 1/3 Sand und 1/3 Kompost. Muß Kalk, der für manche Kräuter lebensnotwendig ist, hinzugegeben werden (→ Seite 28), rechnet man pro Blumentopf etwa einen Teelöffel.
Halbmageres Substrat: Man mischt 2/3 TKS 2 oder Gartenerde, 1/3 Kompost und etwas Torf oder Sand (für einen Blumentopf – mit 20 cm Durchmesser – eine Handvoll).
Nährstoffreiches Substrat: Man mischt 1/3 Gartenerde oder TKS 2 und 2/3 Kompost. Sand und Torf mischt man nur bei, wenn die Gartenerde sehr tonhaltig ist.
So wird gemischt: Alle Bestandteile des Substrats müssen gründlich

Ysop, eine dekorative Pflanze, schmeckt gut zu vegetarischen Gerichten.

Die Weinraute ist für den Balkon zu groß, aber schön im Ziergarten.

17

Das richtige Substrat für Ihre Kräuter

mager	halbmager	nährstoffreich
Kresse	Basilikum	Boretsch
Majoran	Bohnenkraut	Estragon
Melisse	Dill	Kapuzinerkresse
Origano	Kerbel	Liebstöckel
Rosmarin	Petersilie	Lorbeer
Salbei	Pfefferminze	
Thymian	Pimpinelle	
	Schnittlauch	

durchgemischt werden. Am besten lassen sich die Zutaten mischen, wenn sie trocken sind. Nur der Torf muß angefeuchtet werden.

● Füllen Sie die Zutaten auf eine Plastikplane oder in einen großen Kübel.

● Klumpen mit der Hand zerbröseln, Sand möglichst durch ein Sieb waschen.

● Mit einer kleinen Schaufel oder per Hand alles gut durchmischen und dann in die Töpfe und Kästen füllen.

● Nach dem Angießen setzt sich das Substrat. Also immer etwas von der Mischung zum Nachzufüllen zurückbehalten.

So wird Erde leichter

Große Kübel und Kästen können durch die Erde recht schwer werden. Es ist aber oft von Vorteil, wenn die Gefäße mit Inhalt so leicht wie möglich sind, so zum Beispiel auf einem Balkon, auf dem die Pflanzen hin und her gerückt werden müssen, oder wenn man sie im Winter ins Haus nehmen möchte. Um die Behälter leichter zu machen, können Sie anstelle von Sand oder Torf bei der Substratmischung Schaumstoffkugeln, Blähton oder Perlite verwenden. Blähton saugt sich allerdings mit Wasser voll und wird dann wieder schwerer.

Wichtig: Wo Gefahr besteht, daß der Wind Kästen oder Kübel umwirft, dürfen diese nicht allzu leicht sein. Große Pflanzen wie Rosmarin oder ein Lorbeerbaum stehen stabiler in schwerem Substrat.

Die Erde in Mini-Beeten

Für ein Hochbeet oder eine Kräuterspirale genügen ein paar Eimer Maulwurfserde oder ein Sack Torfkultursubstrat natürlich nicht. Wo kein Gartenboden zur Verfügung steht, muß man die Erde herbeischaffen. Am preiswertesten ist Mutterboden, der mit Kompost zu einer artgemäßen Erde für Kräuter gemischt wird (→ rechte Spalte).

Mutterboden: Erhältlich bei Bauunternehmen, manchmal auch in Großgärtnereien. Für einen Kräuterhügel oder ein Hochbeet genügen ein bis zwei Kubikmeter.

Kaufen Sie Mutterboden nie per Telefon, prüfen Sie die Erde an Ort und Stelle. Oft wird nämlich als Mutterboden Erdreich verkauft, das man beim Ausschachten von Baugruben aus tiefen Erdschichten herausgeholt hat. Dieser Boden enthält keine Nährstoffe, ist oft lehmig, sogar tonig und dann für Kräuterbeete nicht geeignet. Versuchen Sie, Mutterboden aus den oberen Schichten zu bekommen.

Mischungen für das Beet

Wie bei den Kräutern im Pflanzgefäß müssen Sie auch im Hochbeet, Kräuterhügel oder Pyramidenbeet die Ansprüche der Kräuter an das Substrat erfüllen.

Sehr magerer Boden: Mutterboden (oder Gartenerde) wird zu gleichen Teilen mit Sand und Kompost gemischt.

Halbmagerer Boden: Man mischt 2/3 Mutterboden, 1/3 Kompost und mengt pro Kubikmeter dieser Mischung etwa fünf Eimer Sand unter.

Nährstoffhaltiger Boden: Man mischt 1/3 Mutterboden und 2/3 Kompost. Ist der Mutterboden sehr fest, gibt man Sand dazu.

So wird gemischt: Achten Sie darauf, daß alle Zutaten trocken sind.

● Klumpen zerkleinern, aus dem Kompost und dem Mutterboden Holzstücke und Steine entfernen.

● Dann Zutaten Schaufel um Schaufel zusammen auf einen sauberen Platz geben und gut durchmischen.

Mehrere Böden auf einem Beet

Auch dies ist möglich, bei der Bepflanzung mit verschiedenen Kräutern muß es sogar sein. Wie die verschiedenen Substrate verteilt werden, ist bei der Kräuterspirale und beim Pyramidenbeet auf Seite 12 angegeben.

Hier noch zwei Tips für Kräuterhügel und Kräuterfaß:

● Auf dem Kräuterhügel gibt man die nährstoffhaltige Erde in ein großes Pflanzloch, in das Sie dann Kräuter setzen, die diese Erde brauchen.

● Im Kräuterfaß können Sie die Kräuter, die mageren Boden benötigen, in die Löcher an der Seite setzen. Obenauf legen Sie eine 20 cm dicke Schicht nährstoffreiche Erde und pflanzen hier die Kräuter, die einen höheren Nährstoffbedarf haben.

Der Kompost

Da Küchenkräuter Nahrungsmittel sind, sollten sie mit natürlichen Nährstoffen ernährt werden. Mineraldünger haben meist einen zu hohen Stickstoffgehalt (→ Seite 26). Kompost ist die ideale Nahrungsgrundlage für alle Küchenkräuter, auch für die, die mageren Boden lieben.

Wenn Sie Kompost weder besorgen noch herstellen können, lassen sich auch andere organische Düngemittel verwenden (→ Seite 27).

Da Kompost aber das preiswerteste und natürlichste Nahrungsdepot für Küchenkräuter ist, sollten Sie erst einmal versuchen, Kompost zu bekommen.

Wo Sie Kompost kaufen können

● Gartenbaubetriebe verkaufen manchmal selbsthergestellten Kompost eimerweise.

● Viele Stadt- und Gemeindeverwaltungen betreiben Kompostierungen und geben preiswert kleine Mengen ab.

● Kompost gibt es auch als Fertigprodukte in kleinen Mengen im Gartenfachhandel. Gut geeignet ist zum Beispiel Kräuter-Kompost von Neudorff. Er ist aus Kräutern hergestellt.

Drainage in Kasten und Kübel. Abzugslöcher anbringen. Eine Kiesschicht einfüllen und ein Vlies darüberbreiten, Vlies an den Wänden etwas hochziehen, Substrat einfüllen.

Kompost selber machen

Im Garten läßt sich Kompost meist ohne weiteres herstellen.

Aber auch wenn Sie nur auf dem Balkon gärtnern, ist die Herstellung von Kompost kein großes und vor allem kein übelriechendes Problem. Für Balkon und Terrasse genügt ein Kompostsack, den man in eine versteckte, aber warme Ecke stellt.

● Den Kompostsack füllen Sie schichtweise mit rohen Küchenabfällen, welken Blumensträußen und ähnlichem. Wenn Sie pro 10 Liter Inhalt eine Handvoll Kompostveroder, Bio-Komposter-Flocken (beide Neudorff) oder Kompost-Beschleuniger (Oscorna) in den Sack geben, verrottet der Abfall besonders schnell.

● Wenn Sie ein Kaminfeuer haben, können Sie pro Sack auch noch zwei bis drei Schaufeln Holzasche beimischen.

● In sechs bis neun Monaten wird aus den Abfällen nahrhafter Kompost – der dann allerdings nur noch ein Viertel bis die Hälfte des Sackes füllt.

Im Garten können Sie ein Kompostsilo oder eine Komposttonne aufstellen. In diesen Behältern wird der Kompost auf dieselbe Weise wie im Kompostsack angelegt. Der Kompostplatz sollte nicht vollständig in der Sonne liegen und bei länger anhaltender Trockenheit ab und zu gegossen werden.

Die Drainage

Die besten Zutaten für das Substrat, die optimale Mischung nützen nichts, wenn sich in Topf und Kübel das Wasser staut. Dann verdichtet sich das Substrat, Nährstoffe und Sauerstoff können von den Wurzeln nicht mehr aufgenommen werden, die Pflanze geht ein. Deshalb ist die richtige Drainage unter dem Substrat wichtig für das Gedeihen Ihrer Kräuter.

In Blumentöpfen genügt es, auf das Abzugsloch eine Tonscherbe zu legen und auf den Boden des Topfes etwa 2 cm hoch einen Kies oder Ziegelsplitt zu füllen. So kann das Abzugsloch niemals verstopfen.

In Kästen und Kübeln müssen Sie ausreichend Abzugslöcher anbringen, eines genügt hier nicht. Auf den Boden des Gefäßes füllen Sie eine etwa 5 bis 10 cm dicke Schicht aus feinem Kies, Ziegelsplitt, Blähton oder Styroporkügelchen. Darüber wird ein Vlies gebreitet, das verhindert, daß feine Teilchen des Substrats in die Drainageschicht gespült werden; ziehen Sie das Vlies an den Seiten etwas hoch (→ Zeichnung unten).

Hochbeet, Kräuterpyramide und Kästen ohne Boden brauchen eine noch bessere Drainage.

● Den Boden im Bereich von Hochbeet, Pyramide und Kasten einen Spaten tief lockern.

● Groben Kies oder zerschlagene Ziegel einfüllen.

● Darauf eine Schicht aus zerkleinerten Ästen legen, dann erst das Substrat einfüllen.

Wichtig: Eine gute Drainage sorgt dafür, daß das Wasser auch bei kräftigen Regenfällen in den Boden abfließt. Bei mangelnder Drainage läuft das Wasser seitlich aus den Beeten.

Kräuter ziehen mit Samen und Setzlingen

Ob Sie Ihre Küchenkräuter aus Samen selbst ziehen oder Jungpflanzen kaufen, hängt zum einen davon ab, welchen Platz Sie für die Anzucht haben – zum anderen auch davon, ob Sie einjährige, zweijährige oder mehrjährige Kräuter kultivieren. Ein- und zweijährige können Sie recht leicht auf der Fensterbank selber ziehen. Mehrjährige kaufen Sie besser als Jungpflanzen.

Der richtige Samen

Saatgut für Kräuter wird in breiter Palette angeboten. Für Balkon, Terrasse und kleine Beete wie Kräuterhügel oder Hochbeet, reichen kleinste Mengen.

Frische Samen: Die Samen einer ganzen Anzahl von Kräutern keimen nur, wenn sie frisch sind. Frisch heißt: von der letzten Ernte. Gute Samenerzeuger drucken das Verfallsdatum auf das Samentütchen. Eine brauchbare Garantie für keimfähiges Saatgut ist, wenn die Samen keimversiegelt, das heißt in luftdichte Folien eingeschweißt, sind.

Die Keimdauer

Damit Sie nicht die Geduld verlieren und das Substrat lange genug feucht halten, sollten Sie die Keimdauer der Kräutersamen kennen. Meist keimen Kräutersamen im Zimmer zwei- bis viermal so schnell wie im Freiland (Tabelle rechts).

Aussaat auf der Fensterbank

Je früher im Jahr Sie die Kräuter säen, desto eher können Sie ernten. Wer schon Ende Februar auf der Fensterbank sät, hat Mitte Mai kräftige Jungpflanzen, die er ins Freie setzen kann.

Anzuchthilfen

Alle Samen keimen besser in gespannter Luft. Unter dem Klarsichtdeckel eines Mini-Treibhauses oder einer Folie entsteht ein feuchtwarmes Treibhausklima, das die Keimung fördert. Sie müssen nur mehrmals am Tag lüften, sobald die ersten Keimblätter erscheinen, damit kein Schimmel entsteht.

Um das richtige Klima zur Anzucht aus Samen zu erreichen, bietet der Handel verschiedene Gefäße und Anzuchthilfen an.

Zimmergewächshäuser oder Mini-Treibhäuser bestehen aus flachen Plastikwannen mit glasklarem, abnehmbarem oder verstellbarem Deckel. In ganz komfortablen Kleinsttreibhäusern kann man zwei bis drei verschiedene Temperaturzonen erzeugen.

Heizplatten und Heizschlangen können in Mini-Treibhäusern oder unter Anzuchtschalen und -töpfe gelegt werden, um eine gleichbleibende Temperatur der Erde zu gewährleisten. Dies ist vor allem dann wichtig, wenn nachts nur wenig oder gar nicht geheizt wird.

Torfquelltöpfe in Tablettenform quellen dick auf, wenn man sie mit Wasser tränkt. Sie enthalten alles, was die Samen zum Keimen brauchen. Man setzt sie nebeneinander in eine Plastikwanne oder, besser noch, in ein Mini-Treibhaus. Aber sogar auf einem Teller kann man darin Kräuter vorziehen, die Quelltöpfe müssen nur immer feucht gehalten werden.

Torfanzuchttöpfe werden zum Pikieren verwendet. Sie haben den Vorteil, daß Sie die bewurzelten Jungpflanzen nicht mehr herausnehmen müssen, wenn Sie sie an ihren endgültigen Standort setzen. Die Pflanzen können darin zügig

Keimdauer von Kräutersamen (in Tagen)

Kräuter	Zimmer	Freiland
Basilikum	4	7
Bohnenkraut	5	14
Boretsch	4	14
Estragon	3	8
Kerbel	7	14
Kresse	2	4
Kapuzinerkresse	7	21
Liebstöckel	11	21
Majoran	3	7
Melisse	7	28
Minze	7	28
Origano	10	28
Petersilie	9	29
Pimpinelle	4	14
Rosmarin	14	30
Salbei	5	12
Schnittlauch	5	14
Thymian	5	10

Ein Fensterregal ist ein idealer Standort für Kräuter, weil alle genug Licht bekommen.

weiterwachsen, denn das gepreßte Material weicht in einem feuchten Substrat oder in der Gartenerde auf und wird leicht durchwurzelt.
Gespannte Luft selber machen (→ Zeichnung Seite 22 oben): Es gibt mehrere Möglichkeiten, auf einfache Art das für die Kräuteranzucht günstige Treibhausklima zu erzeugen:
● Füllen Sie das Anzuchtsubstrat in Einmachgläser, die oben breiter sind als unten. Nach der Aussaat stülpen Sie über das Glas ein zweites passendes Glas.

● Säen Sie den Samen in flache Kistchen, die mit Folie ausgeschlagen sind, und legen Sie auf das Kistchen eine Glasscheibe.
● Große Samen, die Sie gleich in Blumentöpfe stecken (wie Kapuzinerkresse, Boretsch) werden mit einem Gefrierbeutel überspannt, den Sie innen mit zwei gebogenen überkreuzten Drähten stützen. Der Beutel wird am oberen Rand des Topfes zugebunden (→ Zeichnung Seite 22).
● Wer ein kleines Balkongewächshaus hat (→ Zeichnung Seite 11),

kann Samen auch in den dicken Styroporkisten ziehen, in denen im Fischgeschäft oder im Supermarkt die frischen Fische angeliefert werden. Das Material isoliert sehr gut. Oben auf die Kiste legen Sie eine Glasscheibe.

So wird gesät

Das Anzuchtsubstrat: Für die Anzucht muß die Erde so mager wie möglich sein. Im Handel gibt es spezielle Anzuchterden, die man bei Kräutern noch mit etwas Sand mischt.

Gespannte Luft für die Anzucht. Über das Anzuchtgefäß ein Einmachglas stülpen oder Plastikbeutel über eingesteckte gekreuzte Drähte ziehen und zubinden.

Eine andere Möglichkeit: Mischen Sie TKS 1 oder reinen Torf mit etwas Sand und etwa 10 % Kräuterkompost (im Gartenfachhandel). Das Anzuchtsubstrat wird etwa zwei Finger hoch in Anzuchtschalen oder Mini-Treibhäuser gefüllt, in Töpfen natürlich bis zum Rand.

Aussäen: Die Samen müssen sehr sparsam auf das Substrat gegeben werden. Je dichter die Samen liegen, desto schlechter gedeihen die Keimlinge, weil sie sich gegenseitig behindern.

Ausnahmen: Kresse, Kerbel, Schnittlauch – diese Kräuter müssen sogar dicht gesät werden.

Darauf müssen Sie achten: Bei Kräutern müssen Sie sich informieren, ob es sich um Licht- oder Dunkelkeimer handelt – ist oft auf den Samentütchen angegeben (→ Zeichnung rechts).

● Lichtkeimer keimen nur bei Helligkeit, sie dürfen also nicht mit Erde bedeckt werden. Man streut sie auf das Substrat und bedeckt sie dann mit einem Blatt weißem Papier.

● Dunkelkeimer müssen in die Erde gedrückt oder mit einer dünnen Schicht Erde bedeckt werden, die viermal so dick wie der Samen ist. Das heißt zum Beispiel: Auf 1 mm dicke Samen gibt man 4 mm Erde.

Samen feucht halten und ausdünnen

Die ausgesäten Samen brauchen ein wenig Pflege.

Feucht halten: Ohne Wasser keimt kein Samen. Das Wasser weckt den Keimling und hilft dem Samen, all die Stoffe zu aktivieren, die aus einem winzigen Samen eine große Pflanze werden lassen. Sie müssen deshalb sofort nach dem Aussäen das Substrat mit einer Sprühflasche – niemals mit der Gießkanne – anfeuchten. Das Substrat muß feucht gehalten werden, bis sich die Keimlinge aus der Erde schieben. Sie dürfen aber auf keinen Fall die Geduld verlieren – wenn das Substrat austrocknet, stirbt der Keimling ab.

Ausdünnen (→ Zeichnung Seite 23 oben) Wenn sich die Keimlinge mit zwei Fingern fassen lassen, nehmen Sie so viele heraus, daß jedes Pflänzchen einzeln steht. Haben Sie von vornherein dünn gesät, können Sie sich das Ausdünnen sparen. Nun werden auch Hauben und Deckel abgenommen, denn die Pflanzen brauchen zum Heranwachsen viel frische Luft. Sie vertragen aber auf keinen Fall Durchzug, wie er zum Beispiel hinter einem gekippten Fenster entstehen kann. Bleiben die jungen Pflänzchen zu lange unter der Haube, werden sie lang und schwach. Gießen Sie die Keimlinge

regelmäßig weiter, aber ertränken Sie sie nicht, sie sind noch sehr empfindlich.

Pikieren

Sind die Pflänzchen 5 bis 7 cm groß, werden sie pikiert (→ Zeichnung Seite 23 oben). Das heißt, man setzt sie in Torfanzuchttöpfe oder in kleine Blumentöpfe um. Je nachdem, um welches Kraut es sich handelt, werden sie alleine oder in Büscheln gesetzt (→ Pflegeanleitungen, Seite 39 bis 60).

So wird pikiert

Die Erde in den neuen Töpfen muß mager sein, eine Mischung aus TKS 1 oder TKS 2 mit etwas Kompost und Sand eignet sich am besten.

● Die Pflänzchen mit einem Pikierstab vorsichtig aus der Erde heben.

● Den Pikierstab in das neue Substrat stecken und etwas zur Seite schieben. In das dadurch entstandene Pflanzloch kommt das neue Pflänzchen.

● Sanft angießen, damit sich die Erde dicht um die Wurzeln legt.

● Nach einigen Tagen die Pflanzen etwas kühler stellen, damit sie langsam abhärten. An warmen Tagen können Sie die pikierten Pflänzchen auf den Balkon stellen – aber keine Sonne und kein Durchzug!

Licht- und Dunkelkeimer.

Samen von Lichtkeimern auf das Substrat legen, andrücken und mit einem Blatt Papier abdecken (links). Dunkelkeimende Samen viermal so tief in das Substrat legen wie sie dick sind. Durch Besprühen – nicht gießen – die Samen bis zum Keimen feucht halten.

● Mitte Mai etwa (bei Aussaat Ende Februar) können die Jungpflanzen in größere Töpfe mit dem jeweils für sie geeigneten Substrat gepflanzt werden.

Die Jungpflanzen kommen ins Freie

Nach draußen kann man die meisten Kräuter erst stellen, wenn keine Nachtfröste mehr zu erwarten sind. Das ist in der Regel Mitte Mai nach den Eisheiligen. Jungpflanzen sind frostanfällig, auch wenn es sich um winterharte Pflanzen handelt. Wenn Sie Ihre Jungpflanzen in Torftöpfchen gezogen haben, können Sie sie mit diesen Töpfen in größere Blumentöpfe, in Kästen oder ins Freie pflanzen. Stehen die Jungpflanzen in Ton- oder Plastiktöpfen, müssen Sie die Pflanzen mit dem Erdballen herausnehmen und umpflanzen.

Die Pflanzen dürfen nicht höher und nicht tiefer stehen als im Anzuchtgefäß. Kräftiges Angießen ist wichtig, damit sich die Anzuchterde gut mit dem neuen Substrat in Topf oder Beet vermischt.

Die Aussaat im Freien

Entfernen Sie an dem vorgesehenen Platz für die Aussaat alle Unkräuter und Steine, und zerkrümeln Sie größere Erdbrocken. Die feinen Kräutersamen brauchen feinkrümelige Erde.

Aussaattermin: Gesät wird erst, wenn sich der Boden erwärmt hat, also Mitte Mai.

Kräutersaat verfrühen: Früher aussäen können Sie, wenn sie Mitte April das Beet mit einer geschlitzten Folie bedecken. Darunter erwärmt sich die Erde schnell. Die Folie bleibt so lange auf der Saat liegen, bis die Nachtfrostgefahr vorbei ist. Durch das Einschlitzen dehnt sich die Folie und wächst mit der Pflanze.

Aussäen: Die Aussaat unterscheidet sich nicht von der auf der Fenster-

Ausdünnen und Pikieren.

Dicht stehende Keimlinge so ausdünnen, daß sie sich nicht behindern. Wenn sie fünf bis sieben cm groß sind, mit einem Pikierstab in Torftöpfe setzen. Diese kommen später mitsamt Wurzelballen in das vorbereitete Pflanzgefäß. Der Torftopf löst sich mit der Zeit auf.

bank. Sie können natürlich auf einem Beet erheblich mehr säen als auf dem beschränkten Platz im Anzuchtgefäß. Sie sparen Platz, wenn Sie die Kräuter nicht in Reihen säen, sondern breitflächig, in Tuffs, Kreisen oder entlang einer Blumenrabatte. Denken Sie an die Bedürfnisse von Licht- und Dunkelkeimern (→ Seite 22), und säen Sie sparsam, damit Sie nicht ausdünnen müssen.

Mein Tip: Schnecken machen sich gerne über die Saat von Kräutern her. Decken Sie die Saat dünn mit Gerstenkleie ab. Die Keimlinge können durch diese Schicht hindurchwachsen, die Schnecken aber kriechen nicht gerne über die Kleieschicht. Auch im Hochbeet und Kasten sind Sämlinge nicht vor Schnecken sicher. Schützen Sie sie durch einen überstehenden Metallstreifen auf dem Rand des Kastens.

Samen im Freien feucht halten und ausdünnen.

Auch im Freien brauchen die Samen ein wenig Pflege.

Feucht halten: Kontrollieren Sie regelmäßig, ob der Boden nicht ausgetrocknet ist. Unter einer Folie oder einem Vlies bleibt die Erde länger feucht.

Sobald sich die Keimblätter zeigen, kann die Bedeckung abgenommen

werden. Nun gießen Sie mit Fingerspitzengefühl weiter. Die Gefahr, die zarten Sämlinge zu ertränken, ist im Freien nicht so groß wie in Töpfen.

Ausdünnen: Alle Keimlinge von Kräutern, die breit und groß werden, müssen ausgedünnt werden (Abstände → Pflegeanleitungen, Seite 39 bis 60). Wenn die Pflänzchen zu dicht stehen, kümmern sie. Wichtig: Lassen Sie immer die kräftigsten Pflanzen stehen!

Mein Tip: Wenn Sie im Spätsommer säen, wie es zum Beispiel bei Petersilie günstig ist, können Sie von den ausgedünnten Jungpflanzen einige in einem Topf ans Küchenfenster stellen.

Die richtigen Setzlinge.
Dicht und buschig wachsende Setzlinge (links) gedeihen besser als Setzlinge mit langen Trieben ohne Verzweigungen (rechts).

An einem warmen Plätzchen werden die Kräuter aus Samen gezogen.

den vorgesehenen Platz pflanzen. Wenn die Pflänzchen ohne Übergang dem Temperaturunterschied von Tag und Nacht und der prallen Sonne ausgesetzt werden, bekommen sie einen Schock, der zum Wachstumsstop führt. Die Sonne verbrennt sie noch zusätzlich. Stellen Sie die kleinen Pflanzen deshalb zuerst einige Tage an einen halbschattigen, geschützten Platz, wo nur morgens oder abends die Sonne scheint. Danach werden sie an ihren endgültigen Platz gesetzt.

Setzlinge umtopfen

Die Töpfe, in denen die Setzlinge verkauft werden, sind sehr klein – Jungpflanzen also umtopfen.
In Töpfe und Kästen: Auf einer Drainage (→ Seite 19) wird so viel Substrat eingefüllt, daß der Wurzelballen der Pflanze mit dem oberen Rand abschließt, dann mit dem Substrat auffüllen.
Auspflanzen ins Freie: Jede Jungpflanze wird in ein der Größe des Wurzelballens entsprechendes Loch so gepflanzt, daß sie nicht höher und nicht tiefer sitzt als im Anzuchttopf. Die Setzlinge nach dem Einpflanzen sorgsam andrücken und gründlich angießen.

Setzlinge bewässern

In den ersten drei Wochen nach dem Pflanzen ist das Gießen sehr wichtig. Die Wurzeln der Jungpflanzen müssen engen Kontakt mit der Erde bekommen, damit sie sich verankern und schließlich ihre Feinwurzeln zur Nahrungsaufnahme ausbilden können. Für diese Entwicklung brauchen alle Kräuter, auch diejenigen, die normalerweise gerne trocken stehen, regelmäßig Wasser. Erst wenn sie richtig angewachsen sind – das erkennen Sie daran, daß sich die ersten Neutriebe bilden – können viele Kräuter etwas trockener stehen.

Kräuter ziehen mit Setzlingen

Wenn Sie nur ein oder zwei Kräuterpflanzen brauchen, lohnt sich vor allem bei mehrjährigen Kräutern der Kauf einer fertigen Pflanze, eines Setzlings. Bis Sie zum Beispiel von einem ausgesäten Rosmarin ernten können, dauert es nämlich einige Jahre.

Tips für den Einkauf

Kaufen Sie eine mittelgroße Pflanze, so können Sie das Gewürz sofort genießen.
Einkaufsquellen: In der Regel sind Setzlinge nicht teuer – nur für seltenere Sorten kosten etwas mehr.
• Kaufen Sie Kräutersetzlinge am besten in einer Gärtnerei, die auch Gemüsesetzlinge vertreibt.
• Gute Angebote gibt es oft auch im Frühjahr auf dem Wochenmarkt.

• Im Gartenversandhandel werden viele ausdauernde Kräuter als Jungpflanzen angeboten. Der Versand klappt in der Regel gut.
Nicht zu empfehlen als Setzlinge sind die Kräuter, die Sie in Gemüseabteilungen der Supermärkte bekommen. Es handelt sich hier um sehr schnell getriebene Pflanzen, die zum sofortigen Verzehr bestimmt sind. Sie vertragen das Auspflanzen ins Freie in der Regel nicht.
Gesunde Setzlinge (→ Zeichnung Seite 23) sind gedrungen und buschig. Sie sollten einen Wurzelballen haben. Jungpflanzen von mehrjährigen Kräutern sollten gut verzweigt sein.
Setzlinge abhärten: Standen die Kräuterpflänzchen bis zum Verkauf in einem Gewächshaus, also in einem gleichmäßig feucht-warmen Klima ohne direkte Sonneneinstrahlung, dürfen Sie sie nicht gleich an

Kräuterpflege leicht gemacht

Fast alle Küchenkräuter stammen aus südlichen Ländern. Ihre für uns wichtigen Stoffe und ihr würziges Aroma entwickeln sie am besten in voller Sonne und an einem warmen Platz. Günstige Bedingungen an ungünstigen Standorten zu schaffen, ist gar nicht so schwer. Wenn dann noch die Pflege stimmt, gedeihen Ihre Kräuter genauso gut wie im sonnigen Süden.

Das richtige Klima für Kräuter auf Balkon und Terrasse

Das Klima auf einem Balkon, einer Terrasse oder in einem kleinen Vorgarten ist nicht unbedingt das gleiche wie in der ganzen Region. Wärme, Sonne und Windeinflüsse in einem begrenzten Raum nennt man Kleinklima. Dieses Kleinklima kann auf einem geschützten Südbalkon durchaus mediterran, also dem der Mittelmeerländer entsprechend sein, auch wenn der Balkon im Norden des Landes oder in einer Gebirgsgegend liegt.

Schauen Sie den Standort, wo Sie Ihre Küchenkräuter ziehen wollen, deshalb vorher genau an.

Licht: Im Frühjahr und Herbst, wenn der Einfallswinkel der Sonnenstrahlen flach ist, scheint die Sonne zwar tiefer in einen Balkon, eine Terrasse oder einen Hof hinein als im Hochsommer, dafür aber nur kurze Zeit. Steht die Sonne im Sommer hoch, erreicht sie weiter zurückliegende Bereiche nicht mehr, dafür scheint sie an den besonnten Stellen erheblich länger. Bei einem flachen Sonnenwinkel im Frühjahr und Herbst wirken benachbarte Bäume oder Gebäude stärker als Schattenspender als im Hochsommer. Denken Sie an diese Dinge, wenn Sie den Platz für die Kräuter aussuchen.

Wärme: Sie hängt natürlich davon ab, wie warm das Klima und die Jahreszeit sind. Dennoch ist es an windgeschützten Stellen um viele Grade wärmer als an ungeschützten. In der Stadt ist es, bedingt durch die Dunstglocke aus Staub und Abgasen, bedeutend wärmer als in der frischen Luft auf dem freien Land. Mauern und Steine im Steingarten speichern die Wärme am Tag und geben sie über Nacht wieder ab.

Wind: Windige Plätze sind nichts für Kräuter. Wind kühlt die Luft und das Substrat erheblich ab, außerdem trocknet er die Erde schneller aus.

Luftverschmutzung: Sie macht den meisten Kräutern nicht viel aus. Aber: Weil Kräuter zum Würzen von Speisen verwendet werden, muß man sie vor verschmutzter Luft schützen. In den unteren Stockwerken von Häusern, an stark befahrenen Straßen oder neben einer Garage sollte man besser keine Kräuter pflanzen.

Das Kleinklima verbessern

Ein nicht so idealer Standort für Küchenkräuter läßt sich recht leicht zu einem idealen Platz machen. Dabei helfen Ihnen einige erprobte Tricks.

Mehr Wärme: Um Ihre Kräuter mit möglichst viel Wärme zu versorgen, die sie brauchen, um ihre Aromastoffe zu entwickeln, können Sie folgende Gegebenheiten nutzen.

● An einer weißen Wand, zwischen Steinen, die die Wärme speichern, auf dunklen Fliesen und auf Betonboden ist es besonders warm.

● Warmes Wasser strahlt abends und nachts Wärme ab. Lackieren Sie eine Wanne aus Metall innen schwarz und füllen Sie sie mit Wasser. Die Kräuter werden ringsherum auf Wasserspiegelhöhe gestellt.

● Glasabdeckungen fangen viel Wärme ein. Wenn Sie kein Glashaus für Balkon oder Terrasse haben, genügt es, eine Glasscheibe – ein ausgedientes Fenster zum Beispiel – in Südrichtung schräg vor den Kräuterkasten zu stellen.

Wichtig: An heißen Tagen die Scheibe wegnehmen, weil es darunter zu heiß wird.

● Folienabdeckungen haben denselben Effekt wie Glasscheiben. Sie können eine durchsichtige Folie auf einen Rahmen spannen und schräg über die Kräuter stellen.

Mehr Licht: Ebenso wichtig wie Wärme ist für alle Kräuter ausreichendes Licht. Stellen Sie Ihre Kräuter nicht hinter eine geschlossene Balkonbrüstung, dort ist es für sie zu dunkel. Damit Ihre Kräuter es den ganzen Tag so hell wie möglich haben, sollten Sie Töpfe und Kästen hoch stellen.

● Befestigen Sie Rollen an Ihren Kräuterkästen, so können Sie im Frühjahr und Herbst die Kräuter der Sonne nachfahren.

- Holzwände und Wände mit grobem Putz schlucken sehr viel Licht. Ein weiß lackiertes Brett oder eine mit Aluminiumfolie bespannte Sperrholzplatte reflektiert das Licht besser (→ Zeichnung Seite 28). Die Platte mit der Aluminiumfolie müssen Sie wegnehmen, wenn die Sonne direkt darauf scheint, sonst verbrennen die Kräuter.

Windschutz: Kräuter sind windempfindlich.
- Eine bruchsichere Glasscheibe, an der Wetterseite von Balkon oder Terrasse aufgestellt, hält den Wind ab.

Wichtig: Bekleben Sie diese Scheibe mit Vogelsilhouetten, damit keine Vögel dagegen prallen und sich tödlich verletzen.
- Ein Gitter, mit Pflanzen berankt, schützt gut vor Wind und Wetter. Pflanzen Sie hier die Gemüse zu Ihren Kräutern: Stangenbohnen, Cocktailtomaten und Gurken.

Schatten: Er kann manchmal Mangelware sein.
- Beobachten Sie, welche Stellen auf Balkon oder Terrasse stundenweise im Schatten liegen, und plazieren Sie dorthin die Kräuter, die die pralle Sonne nicht vertragen.
- Empfindliche Jungpflanzen können Sie durch Pappkegel, die über Stöcke gehängt werden, vor der prallen Mittagssonne schützen (→ Zeichnung Seite 28) – oder durch ein schräg gestelltes Brett.

Kühlung: Auch das muß manchmal sein. Kühlung bringt natürlich in erster Linie der Schatten.
- An sehr heißen Tagen können Sie empfindliche Kräuter mit einem Sonnenschirm schützen.
- Wo eine Südwand zu heiß ist, berankt man sie mit hübschen Pflanzen.
- Gießen am Morgen und Abend verschafft den Kräutern Kühlung. Das Wasser kühlt das Substrat ab, die verdunstende Flüssigkeit die direkte Umgebung der Pflanzen.

Kräuter richtig gießen

Wenn Sie irgendwo lesen, daß man Kräuter nicht gießen muß, vergessen Sie das. Im Garten mag das in regnerischen Sommern gelten, denn Kräuter brauchen tatsächlich nicht sehr viel Wasser. Aber in Töpfen, Kübeln und Kästen müssen alle Kräuter regelmäßig gegossen werden.

Im Zimmer darf das Substrat in den Töpfen niemals ganz austrocknen. Die Zimmerluft ist trocken, die Pflanze hat keine Möglichkeit, wie im Freien, Feuchtigkeit aus der Luft durch die Blätter aufzunehmen.
- Prüfen Sie täglich nach, ob das Substrat noch feucht ist – ein Daumendruck genügt.

Mein Tip: Wenn Sie das Gießen einmal vergessen haben, und das Substrat knochentrocken ist, läuft das Gießwasser einfach durch, es gelangt nicht mehr an die Wurzel. Stellen Sie den Topf dann 10 Minuten in ein Gefäß mit Wasser, damit die Erde wieder durchfeuchtet.

Auf Balkon und Terrasse werden die Kräuter regelmäßig, aber nicht zu üppig, gegossen.
- Das Wasser darf niemals in Übertöpfen oder Untersetzern stehen.
- Bei heißem Wetter am Morgen oder Abend gießen, niemals um die Mittagszeit.
- An kühlen, regnerischen Tagen muß kaum gegossen werden.
- Mehrjährige, verholzte Kräuter dürfen nicht austrocknen. Sie zeigen zwar nicht so schnell an, daß sie zu trocken stehen, aber wenn sie einmal verdorrt sind, kann sie selbst noch so fleißiges Gießen nicht mehr retten.
- Kräuter mit saftigen Blättern wie Basilikum, Boretsch oder Pimpinelle machen schnell schlapp, wenn sie zu trocken stehen, sie erholen sich nach dem Gießen aber wieder.

Im Garten muß nur gegossen werden, wenn es mehrere Tage lang sehr heiß und trocken ist. Ob gegossen werden muß, hängt aber auch noch von anderen Dingen ab:
- Viele Kräuter stehen in sehr magerem Boden, der das Regen- und Gießwasser schnell absickern läßt.
- Stehen die Kräuter dicht an dicht oder mit anderen Pflanzen zusammen, beschatten sie mit ihren Blättern den Boden. Das Erdreich trocknet dann nicht so schnell aus wie bei einzeln stehenden Pflanzen.

Gießen im Winter

Einige der mehrjährigen Kräuter bleiben im Winter in Kästen und Kübeln draußen. Diese müssen bei frostfreiem Wetter sparsam gegossen werden. Die meisten Pflanzen im Topf erfrieren nämlich nicht, sie vertrocknen. Kräuter, die im Freiland ausgepflanzt bleiben, brauchen kein zusätzliches Wasser.

Das richtige Gießwasser

Regenwasser ist zum Gießen besser als das kalkhaltige und viel zu kalte Leitungswasser. Wenn Sie kein Regenwasser sammeln können, sollten Sie das Gießwasser mindestens einen Tag lang in der Kanne stehen lassen, damit es sich erwärmt.

Kräuter düngen

Mit Dünger muß man bei Kräutern sehr sparsam umgehen. Den meisten genügt eine Portion Kompost im Substrat und ein- oder zweimal ein Guß Kräuterbrühe (→ Seite 28). Verwenden Sie nur organischen Dünger. Er bekommt den Kräutern besser und Ihnen auch.

Mineraldünger ist für Kräuter zu stickstoffhaltig. Einige Kräuter wachsen damit zwar sehr groß und üppig heran, aber sie schmecken fade. Manche Kräuter stellen bei zu starker Stickstoffdüngung das Wachstum einfach ein.

Bunte Sommerblumen machen den Kräuterbalkon zum Sommerparadies.

Einzige Ausnahme: Ein großer Lorbeer braucht alle vier Wochen etwa 5 g Mineraldünger.

Wichtig: Auch bei den organischen Düngern müssen Sie darauf achten, daß die Kräuter nicht zuviel Stickstoff bekommen (→ Pflegeanleitungen, Seite 39 bis 60).

Biologische Dünger zum Kaufen

Organische, also biologische Dünger, sind in erster Linie Vorratsdünger. Sie werden nur langsam im Boden abgebaut, mästen die Pflanzen also nicht.

Hornspäne sind stickstoffhaltig. Bei Kräutern, die magere Kost bevorzugen, genügt pro Liter Substrat 1 EL Hornspäne.

Horn-Blut-Knochenmehl ist ein organischer Volldünger. Er enthält Phosphor, Kalium und – in geringen Mengen – Stickstoff. Pro Liter Substrat gibt man 2 EL.

Topfpflanzen AZET (Neudorff) ist ein organischer Volldünger mit niedrigem Stickstoffanteil. Dieser Dünger enthält zusätzlich natürliche Mikroorganismen, die den Boden in Töpfen und Kübeln länger lebendig halten.

Kopfdüngung nennt man die Düngegaben, die man den Kräutern während ihrer Vegetationsperiode gibt. Solche Gaben sind nur notwendig, wenn Jungpflanzen nicht richtig wachsen wollen, und bei stark wachsenden Kräutern mit hohem Nährstoffbedarf. Im Handel gibt es organische Flüssigdünger, die sich für die Kopfdüngung von Kräutern eignen, zum Beispiel Guano, Orus-Pflanzenaktiv (Oscorna), Bio-Trissol (Neudorff). (Die Hälfte der für Topfpflanzen angegebenen Menge reicht für Kräuter.)

Andere Beigaben

Urgesteinsmehl ist im strengen Sinn kein Dünger. Es dient als Vorratsdepot, in seinen mikroskopisch fei-

Mehr Licht durch Aluminiumfolie.
Aluminiumfolie auf Sperrholz-
platten spannen, die Folie reflek-
tiert das Licht.

nen Teilen speichern sich Wasser und Nährstoffe. Sehr sandigen Substratmischungen gibt man Gesteinsmehl (2 EL pro Liter) bei, damit sie nicht so schnell austrocknen. Kalk ist für eine Anzahl von Kräutern lebensnotwendig (→ Pflegeanleitungen, Seite 39 bis 60). Wenn Kalk gegeben werden muß, dann Algenkalk, der die Wurzeln nicht verbrennt. Er wird von Anfang an dem Substrat beigemischt (1 TL pro Liter).

Dünger zum Selbermachen

Einige gute biologische Dünger kann man selbst herstellen. Kompost ist ohne Zweifel für Kräuter der beste Dünger (Herstellung → Seite 19).
Brennesselbrühe gibt man nährstoffbedürftigen Kräutern einmal im Frühjahr, wenn die Jungpflanzen angewachsen sind, und dann noch einmal im Juli.
Das Rezept:
● Einen Eimer locker mit kleingeschnittenen frischen Brennesseln füllen, mit Wasser aufgießen.
● Eine Woche lang in der Sonne stehen lassen und immer wieder umrühren.

● Im Verhältnis 1 : 10 (1 l Brennesselbrühe, 10 l Wasser) zum Gießen verwenden.

Mein Tip: Brennesselbrühe können Sie auch aus gekauften, getrockneten Brennesseln herstellen. Auf 10 l Wasser nimmt man 200 g getrocknetes Kraut.

Beinwellbrühe wird nach demselben Rezept wie die Brühe aus frischen Brennesseln hergestellt. Man findet Beinwell (Comfrey) im Sommer an Wegrändern und auf saftigen Wiesen.
Tierischer Mist ist für alle Kräuter absolut ungeeignet.

Der Verjüngungsschnitt

Wie Sie beim Abschneiden von Blättern und Trieben, also beim Ernten vorgehen sollten, finden Sie in dem Kapitel Ernten und Konservieren (→ Seite 30). Unabhängig davon ist jedoch bei manchen Kräutern ein Verjüngungsschnitt nötig (→ Zeichnung Seite 29). So müssen im frühen Herbst Thymian, Salbei, Rosmarin und Lorbeer in Form geschnitten werden. Unterläßt man diesen Schnitt, verkahlen die Pflanzen von innen und bringen im nächsten Frühjahr nur wenige Triebe.
So wird's gemacht: Schneiden Sie alle herausragenden langen Triebe ab und kürzen Sie die anderen so ein, daß eine gedrungene buschige Form entsteht.
Bis auf den Boden herunter geschnitten werden vor dem Winter Liebstöckel, Origano, Zitronenmelisse, Pfefferminze und Estragon. Die abgeschnittenen Triebe und Blätter können Sie für den Winter trocknen.

Krankheiten und Schädlinge – Vorbeugen und Bekämpfen

Kräuter sind als Wildpflanzen recht widerstandsfähig gegen Schädlinge und Krankheiten. Im Garten gibt es kaum Probleme. In Töpfen und Kästen können sie von grünen oder schwarzen Blattläusen, Spinnmilben und Schildläusen befallen werden.
Wichtig: Mit Insektiziden darf man den Schädlingen nicht zuleibe rükken. Die Mittel sind giftig. Wenn Kräuter in Töpfen, Kübeln und Kästen stark von Schädlingen befallen sind, gibt es nur eines: Werfen Sie sie in den Mülleimer und kaufen Sie sich eine neue Pflanze. Große mehrjährige Pflanzen (wie Rosmarin oder Lorbeer) sollten Sie natürlich retten (→ Seite 29).

Vorbeugen ist der beste Pflanzenschutz

Auf Balkon und Terrasse begünstigen oft zu dichter Bewuchs und stickiges Klima den Befall mit Schädlingen, Bakterien und Pilzen. Pflanzen Sie also nicht zu dicht und sorgen Sie dafür, daß die Kräuter genügend frische Luft bekommen. Vermeiden Sie Zugluft (fördert den Befall mit Blattläusen).
Schwache Pflanzen werden von

Schattenspender.
Sonnenschirm oder Kegel auf Stöckchen eignen sich gut, um empfindliche Jungpflanzen vor der prallen Mittagssonne zu schützen.

Staunässe vermeiden.
Tonscherbe auf Abzugsloch legen
(links). Nie Wasser in Übertöpfen
stehen lassen (rechts).

Schädlingen eher befallen als kräftige, gesunde Pflanzen. Zu nasses Substrat, zu viel oder zu wenig Dünger schwächen die Kräuter. Vor allem zu schnell getriebene Pflanzen sind gefährdet. Sie haben nur sehr dünne Zellwände, die von Sauginsekten gut angebohrt werden können. Kräftige Pflanzen mit festen Zellwänden werden gemieden.
Pilzkrankheiten breiten sich oft über das Substrat aus, wenn es verdichtet und ausgelaugt ist. Pflanzen Sie deshalb Ihre Kräuter jedes Jahr in neue Erde um.
Schildläuse nisten sich ein, wenn immergrüne Kräuter (Lorbeer und Rosmarin) zu warm überwintert werden.
Gefahr durch Pflanzenkombinationen kann man verhindern. Liebstöckel zum Beispiel stört mit seinen Wurzel- und Blattausscheidungen andere Kräuter. Sie können nicht gut gedeihen und sind deshalb anfällig für Krankheiten und Schädlinge. In der Nachbarschaft von schädlingsanfälligen Balkonblumen – etwa Petunien – kann man Kräuter nicht vor Schädlingen schützen, am besten meidet man solche Kombinationen.

Mein Tip: Kapuzinerkresse lenkt schwarze Läuse von anderen Pflanzen ab.

Schädlinge bekämpfen

Was ist aber zu tun, wenn sich Schädlinge bereits auf den Kräutern eingenistet haben? Kontrollieren Sie Ihre Kräuter täglich, so erkennen Sie gleich die ersten Anzeichen eines Schädlingsbefalls.
Erste-Hilfe-Maßnahmen: Befallene Triebe abschneiden und vernichten oder die Schädlinge mit einem Stöckchen oder mit den Fingern abstreifen. Auch eine kräftige Dusche mit klarem Wasser vertreibt die ersten Vorposten einer Insektenkolonie. Ist die Pflanze noch klein, kann man sie kopfunter mit den Blättern ein bis zwei Stunden in einen gefüllten Wassereimer hängen. (Zwei Stäbe auf den Eimer legen und Topf darauf hängen.)
Rainfarn-Tee hilft gegen Schädlinge und vorbeugend auch gegen Pilzkrankheiten.
Das Rezept: 30 g getrockneten Rainfarn-Tee (im Handel) oder 20 g frischen Rainfarn (ab Juli an Wegrändern) mit 5 l kochendem Wasser überbrühen, 15 Minuten ziehen lassen, absieben. Nach dem Erkalten im Verhältnis 1:3 mit Wasser verdünnt über die Pflanzen sprühen (Blattunterseiten nicht vergessen).
Wermut-Tee wirkt wie Rainfarn-Tee und wird genauso hergestellt. Nur wird Wermut-Tee unverdünnt über die Pflanze gesprüht.

Wichtig: Rainfarn- und Wermut-Tee schmecken bitter, deshalb die Kräuter nach zwei bis drei Stunden mit klarem Wasser abspülen.
Gelbsticker sind kleine, gelbe, mit speziellem Leim bestrichene Täfelchen, die man in die Töpfe steckt. Sie werden zur Insektenabwehr auf Balkon und Terrasse empfohlen. Nachteil: An ihnen fangen sich auch Nützlinge, die man schonen sollte.

Mittel für den Notfall

Bei sehr starkem Befall mit Schadinsekten sollten Sie ein- und zweijährige Pflanzen vernichten. Einen gut gewachsenen Lorbeer, einen Rosmarin, Thymian oder Origano wirft man natürlich nicht gerne weg. Hier kann man »ungiftige« Insektizide einsetzen. Zum Verzehr sind die Kräuter aber nach dieser Behandlung bestenfalls nach einigen Wochen zu empfehlen.
Pyrethrum ist ein natürliches Insektizid, das leider auch Nützlinge vernichtet. Es wirkt nur wenige Stunden.
Andere biologische Mittel wie Spruzid, Oscorna Insektenschutz und Neudosan schonen die meisten Nützlinge. Die Mittel trotzdem nur in Notfällen anwenden!
Wichtig: Beachten Sie unbedingt die Gebrauchsanweisung, vor allem die angegebene Wartezeit.

Zurückschneiden
und
Verjüngen.

Im Herbst werden einige Kräuter bis kurz über den Boden zurückgeschnitten (links). Thymian und Salbei nur etwa zu einem Drittel zurückschneiden (Mitte). Als Verjüngungsschnitt bei mehrjährigen Kräutern immer die langen Triebe zurückschneiden, damit die Pflanze buschig wächst (rechts).

Kräuter ernten und konservieren

Auch wenn Sie Kräuter auf kleinstem Raum ziehen, können Sie eine ganze Menge davon ernten und für den Winter konservieren. Wenn Sie im Winter nicht auf das Aroma Ihrer selbstgezogenen Kräuter verzichten wollen, sollten Sie den Wintervorrat schon beim Säen und Pflanzen einkalkulieren. Selbst wenn Sie nur kleine Mengen konservieren können – es lohnt sich.

So ernten Sie richtig

Solange die Kräuter noch sehr jung sind, sollte man sie schonen. Erst wenn sie reichlich Blätter haben, darf man davon ernten.

Darauf sollten Sie beim Ernten achten

Kräuter wollen sehr behutsam geerntet werden. Das gilt für den frischen Gebrauch und erst recht, wenn Sie die Ernte für den Winter konservieren möchten. Blätter und Triebe werden mit einer scharfen Schere oder einem Messer abgeschnitten. Lassen Sie die geernteten Kräuter nicht liegen – verarbeiten Sie sie sofort.
Erntetips:
• Schneiden Sie niemals alle Triebe einer Kräuterpflanze ab.
Ausnahmen: Kresse und Kerbel, die nicht mehr nachwachsen müssen.
• Von Schnittlauch immer nur die Hälfte der Röhrchen abschneiden.
• Basilikum, Bohnenkraut oder Majoran werden etwa 10 cm über dem Boden abgeschnitten, sie wachsen dann wieder nach und verzweigen sich.

• Bei größeren Kräutern wie Estragon, Boretsch, Liebstöckel oder Pfefferminze immer nur die obersten Triebspitzen mit jungen Blättern abschneiden. Unter den Schnittstellen bilden sich neue Triebe mit neuen Blättern.
• Bei mehrjährigen Kräutern wie Origano, Melisse oder Pfefferminze werden immer wieder einige Triebe bis auf den Boden abgeschnitten, dann wachsen neue Zweige mit jungen aromatischen Blättern nach.
• Bei Salbei, Thymian und Rosmarin sollten Sie nie mehr als 1/3 der Trieblänge abschneiden.

Der Erntezeitpunkt

Natürlich erntet man die Kräuter, die man sofort in der Küche verwendet, möglichst kurz davor.
Für die Konservierung erntet man, wenn die Kräuter das optimale Aroma haben. Beobachten Sie Ihre Kräuter, der richtige Zeitpunkt ist ausschlaggebend für das Aroma.
Dazu einige Tips:
• Majoran, Thymian, Bohnenkraut und Origano für die Konservierung vor und während der Blüte ernten.

• Von Estragon, Liebstöckel, Pfefferminze, Boretsch, Schnittlauch, Petersilie und Zitronenmelisse werden die jungen, saftigen Blätter konserviert.
• Bis zum Herbst können Sie mit der Ernte für die Konservierung warten bei Salbei, Lorbeer und Rosmarin.
Die richtige Tageszeit zum Ernten ist, wenn die Pflanzen das intensivste Aroma haben. Bei allen stark aromatisierten Kräutern ist das die Mittagszeit. Kräuter mit saftigen Blättern ernten Sie etwas früher: der Tau muß schon abgetrocknet, die Pflanze aber noch nicht matt von der Hitze sein.

Wie Sie Kräuter konservieren können

Es gibt verschiedene Methoden, die Kräuter für den Winter zu konservieren – und alle sind gleich gut. Aber nicht alle eignen sich für jedes Kraut. Viele Kräuter verlieren beim Trocknen das Aroma, andere wieder beim Einfrieren. In den Pflegeanleitungen (→ Seite 39 bis 60) wird angegeben, welche Konservierungsmethode das Aroma am besten hält.

Kräuter für das Konservieren vorbereiten

• Achten Sie darauf, daß alle Pflanzenteile unbeschädigt sind.
• Schütteln Sie die Kräuter gut aus, damit Insekten und andere Tierchen, die sich darin einquartiert haben, herausfallen.

Küchenkraut als Kübelpflanze.
Ein großer Rosmarinstrauch ist auch als Kübelpflanze sehr dekorativ. Und man kann von ihm das ganze Jahr ernten.

Frische Kräuter schmecken besonders aromatisch – doch auch das Konservieren für die Wintermonate lohnt sich.

● Schauen Sie sich bei großblättrigen Pflanzen auch die Blattunterseiten genau an, hier siedeln sich gerne Schädlinge an.

● Wenn Ihre Kräuter an einem Platz stehen, wo sie der Luftverschmutzung ausgesetzt sind, müssen sie gewaschen werden.

Kräuter trocknen

Es ist die einfachste und älteste Methode, Kräuter für den Winter aufzubewahren.

An der Luft trocknen können Sie Ihre Kräuter, indem Sie die Triebe zu einem Kräuterstrauß mit einem Gummiband zusammenbinden und den Strauß an einen warmen, schattigen Platz hängen. Nur nicht in die Küche, hier ist die Luft zu feucht und zu fettig. Wenn die Kräuter rascheltrocken sind, bewahrt man sie zerkleinert in Schraubgläsern auf.

Wenn Sie nur einzelne Blätter trocknen, dann auf einem sauberen Tuch an einem warmen, schattigen Platz.

Im Backofen kann man Kräuter trocknen, wenn kein geeigneter Platz zum Lufttrocknen zur Verfügung steht. Auch wenn die Kräuter wegen hoher Luftverschmutzung gewaschen werden mußten, ist diese Trocknung geeignet.

Legen Sie die Kräuter auf einen mit Aluminiumfolie bedeckten Rost und dörren Sie sie bei 50 °C. Die Tür des Backofens muß einen Spalt offen bleiben.

Im Dörrapparat ist Trocknen einfacher. Zeiten und Temperaturen sind geregelt, die Trocknung verläuft sozusagen automatisch. Achten Sie darauf, daß die Kräuter nicht zu trocken werden.

Wichtig: Alle getrockneten Kräuter sollten grün bleiben. Graue oder braune Trockenkräuter wurden zu heiß oder zu lange getrocknet – sie verlieren einen Großteil ihres Aromas.

Kräuter einfrieren

Die meisten Kräuter kann man problemlos in der Tiefkühltruhe konservieren. Frieren Sie kleine Portionen ein, dann haben Sie immer genau das zur Hand, was Sie für ein Gericht brauchen. Auch Kräutermischungen können Sie einfrieren. In der Eiswürfelschale können Sie tiefgefrorene Kräuter am besten portionieren. Sie werden sehr klein geschnitten und mit ganz wenig Wasser in der Eiswürfelschale schockgefrostet. Danach nehmen Sie die Kräuterwürfel heraus und verpacken sie in beschriftete Beutel. In Beuteln geht das Einfrieren am schnellsten. Die Kräuter werden mit Stengeln und Blättern in Tiefkühlbeutel gesteckt und schnell eingefroren. Dann nimmt man sie wieder aus der Tiefkühltruhe und zerdrückt sie im Beutel mit der flachen Hand zu kleinen Stücken. Diese Stückchen werden nun entweder im Beutel gelassen oder – besser noch – in kleine Tiefkühldosen verpackt. Da die Kräuter in gefrorenem Zustand zerkleinert wurden, kleben sie nicht zusammen und können problemlos in beliebigen Mengen entnommen werden.

Mein Tip: Tiefgefrorene Kräuter werden direkt an die Gerichte gegeben, in Salatsoßen allerdings etwa 20 Minuten vor dem Servieren, damit sie ihr Aroma abgeben können.

Kräuter in Essig und Öl einlegen

Beim Einlegen der Kräuter in Essig oder Öl konserviert man eigentlich nicht die Kräuter, sondern deren Aroma: Die Flüssigkeiten nehmen schnell den Geschmack der Kräuter an. Man würzt damit Salate und viele andere Gerichte. Sie können die Kräuter einzeln einlegen oder als Kräutermischungen.

Zum Einlegen müssen Sie die Kräuter auf alle Fälle waschen. Suchen Sie dekorative Zweige aus, denn die Flaschen mit Kräuteressig und Kräuteröl sind auch ein hübscher Anblick.

In Essig einlegen: Stecken Sie die Kräuter mit Stengeln und Blättern in eine helle, hübsche Flasche. Dann füllen Sie mit einem guten Wein- oder Apfelessig auf. Der Essig darf nicht zu jung sein, sonst bildet sich Essigmutter zwischen den Kräutern. Stellen Sie die Flasche zwei Wochen lang an ein sonniges Fenster, dann hat der Essig das Aroma aufgenommen. Sie können die Kräuter nun herausnehmen. Wenn man sie im Essig läßt, muß man immer wieder auffüllen, denn was aus der Flüssigkeit herausragt, wird schnell unappetitlich.

In Öl einlegen: Zerkleinern Sie die Kräuter etwas, das Öl nimmt das Aroma so besser auf. Geben Sie die zerkleinerten Kräuter in eine dunkle Flasche und füllen Sie Öl hinein. Das Kräuteröl muß vier Wochen in die Wärme gestellt werden. Olivenöl wird nicht ranzig. Andere Öle sollten Sie rasch verbrauchen.

Kräuter einsalzen

Eine ganze Anzahl von Kräutern kann man in Salz konservieren, am besten aber Liebstöckel und Petersilie. Blätter und Stengel werden sauber gewaschen und grob zerschnitten. In ein weites, dunkles Glas oder einen verschließbaren Steinguttopf schichtet man nun Salz und Kräuter im Verhältnis 1:5 und stampft die Schicht mit dem Stiel eines Kochlöffels gut fest. Die eingesalzenen Kräuter halten bis zu zwei Jahren. **Wichtig:** Diese Kräuterwürze ist sehr salzig. Gehen Sie deshalb beim Kochen sparsam mit Salz um.

Kräuter in der Küche: Was paßt wozu?

Braten: Liebstöckel, Salbei, Thymian, Lorbeer, Rosmarin.

Eiergerichte: Basilikum, Boretsch, Dill, Kresse, Schnittlauch, Pimpinelle.

Erfrischungsgetränk: Melisse, Pfefferminze.

Fines herbes: Schnittlauch, Petersilie, Estragon, Kerbel, Basilikum.

Fisch: Estragon, Lorbeer, Salbei.

Geflügel: Estragon, Rosmarin, Salbei, Thymian.

Grüne Sauce: Kerbel, Petersilie, Schnittlauch, Pimpinelle, Dill, Boretsch, Melisse.

Gurken: Boretsch, Dill, Dillsamen, Lorbeer.

Käse: Boretsch, Petersilie, Schnittlauch.

Kartoffeln: Bohnenkraut, Majoran, Salbei, Lorbeer, Petersilie, Thymian.

Kohl: Lorbeer.

Kurz gebratenes Lamm: Rosmarin, Salbei, Pfefferminze.

Möhren: Petersilie.

Nudeln: Basilikum, Origano, Thymian, Rosmarin, Salbei.

Pizza: Origano, Thymian, Salbei.

Salate: Basilikum, Boretsch, Dill, Estragon, Kerbel, Kresse, Melisse, Petersilie, Schnittlauch, Kapuzinerkresse, Pimpinelle.

Süßspeisen: Boretschblüten, Muskatellersalbei, Pfefferminze.

Suppen: Petersilie, Schnittlauch, Kerbel, Dill, Origano.

Tee: Melisse, Salbei, Rosmarin, Pfefferminze, Thymian.

Tomaten: Basilikum, Dill, Schnittlauch, Majoran, Origano, Pimpinelle.

Wild: Lorbeer, Salbei, Thymian.

Wurstsalat: Liebstöckel, Petersilie, Schnittlauch.

Die Heilwirkung von Küchenkräutern

Wenn Sie Küchenkräuter als Heilmittel einsetzen wollen, informieren Sie sich bitte in der Spezialliteratur über die genaue Dosierung und Anwendung (→ Bücher, die weiterhelfen, Seite 62).

Achtung: Überdosierung oder Gebrauch über längeren Zeitraum kann gesundheitliche Beeinträchtigungen zur Folge haben.

Basilikum: Beruhigend, entkrampfend für Magen und Darm, harntreibend.

Bohnenkraut: Verdauungsfördernd, bei Husten, Verschleimung.

Boretsch: Herzstärkend, kräftigend, lindert Rheuma.

Dill: Hilft gegen Blähungen und Magenverstimmungen.

Estragon: Entwässernd, verdauungsfördernd.

Kerbel: Blutreinigend.

Kresse: Gegen Frühjahrsmüdigkeit.

Lorbeer: Verdauungsfördernd.

Liebstöckel: Harntreibend, verdauungsfördernd, gegen Blähungen.

Majoran: Nervenstärkend, krampflösend, bei Verdauungsbeschwerden und Schnupfen, macht fette Speisen bekömmlicher.

Melisse: Beruhigend.

Origano: Hustenlösend, nervenstärkend, gegen Bauchschmerzen.

Petersilie: Harntreibend, herzstärkend.

Pfefferminze: Gegen Darm- und Magenstörungen.

Rosmarin: Kreislaufanregend, nervenstärkend.

Salbei: Entzündungshemmend, als Tee zum Gurgeln.

Thymian: Hustenlösend, gegen Magenkrämpfe.

Dill macht was er will.
Säen Sie Dill am besten an mehreren Stellen aus – irgendwo wird er dann schon wachsen.

Kräuter vermehren und überwintern

Wenn Ihre Kräutergärtnerei im Sommer erfolgreich war, möchten Sie sicherlich einen Schritt weitergehen und die eigenen Kräuter im nächsten Jahr weiter kultivieren. Dazu gibt es mehrere Möglichkeiten: Sie können aus den eigenen Kräutern Samen gewinnen oder Stecklinge machen. Und Sie können die mehrjährigen Kräuter – im Haus oder im Freien – überwintern.

Kräuter vermehren leicht gemacht

Runden Sie Ihren Erfolg als Kräutergärtner ab, indem Sie Kräuter selbst vermehren. Es gibt ein paar gute Gründe dafür:

● Die ein- und zweijährigen Kräuter müssen jedes Jahr neu ausgesät werden. Aus eigenem Samen gezogene Kräuter sind natürlich für jeden Kräutergärtner ein durchschlagender Erfolg.

● Mehrjährige Kräuter werden im Alter etwas mickrig, vor allem, wenn sie in Töpfen stehen. Durch die Vermehrung können Sie sich immer wieder kräftige junge Pflanzen heranziehen.

Samen gewinnen

In unseren Breiten bilden nicht alle Kräuter Samen aus. Bei ausgesprochenen Südländern wie Basilikum, Thymian und Salbei reifen die Samen nicht aus, die Vegetationszeit ist zu kurz.

Kräuter, die Samen ausbilden: Kresse, Kerbel und Boretsch zum Beispiel bilden Samen aus, die Sie ernten können. Das setzt voraus, daß Sie von ein oder zwei Pflanzen nur wenig ernten, sondern sie voll auswachsen und blühen lassen. Bei den einjährigen Kräutern bilden sich die Blüten- und Samenstände bereits im selben Jahr, in dem man sie gesät hat, bei den zweijährigen erst im folgenden Jahr.

Mehrjährige Kräuter blühen zwar auch jedes Jahr, aber sie vermehrt man besser mit anderen Methoden (genaue Anleitungen finden Sie in den Pflegeanleitungen, → Seite 39 bis 60).

Die Ernte der Samen: Damit sollten Sie nicht warten, bis die Samen am Stengel reif werden und abfallen.

So wird's gemacht (→ Zeichnung Seite 36):

● Schneiden Sie die Stengel mit den Samen ab, kurz bevor sie reif werden. Die Samenkapseln haben sich noch nicht geöffnet, die Samenkerne sind noch nicht ganz dunkel.

● Hängen Sie die Samenstände kopfunter an einen schattigen Platz über ein sauberes Tuch oder Papier.

● Sind die Samen reif, fallen sie auf die Unterlage. Mit sachtem Pusten reinigen Sie das Saatgut von welken Blättchen und Samenhülsen.

Samen gewinnen.
Kräuter kopfunter aufhängen, die
Samen fallen auf ein Tuch. Samen
in Tüten in einem Schraubglas
aufbewahren.

Die Aufbewahrung: Das wichtigste
ist, daß die Samen ganz trocken
sind, sonst schimmeln oder faulen
sie.
● Trocknen Sie vorsichtshalber
nach: In einem Teller auf der Hei-
zung oder kurz (maximal 10 Minuten) im auf 50 °C vorgeheizten
Backofen.
● In einem sauberen, trockenen
Schraubglas die Samen an einem
kühlen, dunklen Ort aufbewahren.
Wichtig: Kontrollieren Sie immer
wieder, ob die Samen nicht von
Ungeziefer befallen sind. Befallene
Samen wegwerfen.
Hinweis: Was Sie zur Aussaat brauchen und wie gesät wird, finden Sie
auf den Seiten 20 bis 23.

Vermehren durch Stecklinge

Salbei, Rosmarin, Thymian und
Lorbeer werden durch Stecklinge
vermehrt.
Stecklinge schneiden: Im Juli/
August etwa 10 cm lange Triebe
vom selben Jahr mit einem scharfen
Messer abschneiden. Die Schnitt-
stelle muß unterhalb eines Blatt-
ansatzes liegen. Die Blätter dort
werden abgeschnitten.
Bewurzeln des Stecklings: Stecken
Sie mehrere Stecklinge in einen klei-

nen Topf mit einer Mischung aus
Torf oder TKS 1 und Sand. Wenn Sie
die Stecklinge an den Rand des Topfes setzen, so daß die Schnittstelle
Berührung mit der Topfwand hat,
wurzeln sie besser an.
Um dem Steckling die verdunstete
Feuchtigkeit zurückzugeben (er hat
ja noch keine Wurzeln), sollten sie
über den Topf eine durchsichtige
Plastiktüte stülpen (zum Stützen
zwei gebogene Drähte kreuzweise
in den Topf stecken). Sobald der
Steckling bewurzelt ist — man sieht
es an der Bildung neuer Triebe und
Blätter, nehmen Sie die Tüte ab.
Weitere Pflege: Ist der Steckling gut
bewurzelt, wird er in einen größeren Topf mit nahrhafterem Substrat
gesetzt. Schneiden Sie zwei- bis
dreimal die Triebspitzen ab, damit
sich die Jungpflanze gut verzweigt.

Absenker

Hier handelt es sich um eine beson-
dere Art von Stecklingen, mit denen
man zum Beispiel Salbei vermehren
kann.
So wird's gemacht: Biegen Sie einen
verholzten Trieb bis auf das Substrat
herunter und halten Sie ihn hier mit
einer Haarnadel, einem Draht oder
einem Stein fest. Wenn sich an dieser Stelle Wurzeln gebildet haben,
schneiden Sie den Absenker ab und
pflanzen ihn in einen Topf.

Vermehren durch Teilen

Liebstöckel, Zitronenmelisse, Origano und Schnittlauch vermehrt
man durch Teilen der Wurzelstöcke
(→ Zeichnung Seite 37). Die Teilung
nimmt man am besten im Herbst
oder im Frühjahr vor, wenn sich erst
wenige Triebe gebildet haben.
So wird's gemacht:
● Wenn die Pflanze nach zwei bis
drei Jahren einen großen Wurzelstock gebildet hat, nehmen Sie diesen — gut angefeuchtet — aus der
Erde.

● Mit einem scharfen Messer oder
einer Gartenschere schneiden Sie
den großen Wurzelstock in drei bis
vier Teile, dabei sollen die Feinwurzeln möglichst wenig verletzt
werden.
● Triebe und Blätter werden um die
Hälfte eingekürzt.
● Die neuen Teile kommen sofort in
Töpfe oder in den Gartenboden,
aber nur so tief, wie sie vorher im
Boden standen.
● Im Frühjahr bleiben die Töpfe mit
den Wurzelteilen so lange im Schatten stehen, bis sich neue Triebe bilden, dann kommen sie an den ihren
Ansprüchen entsprechenden Platz.
● Im Herbst nimmt man sie ins Haus
und überwintert sie an einem Nordfenster.

Vermehren durch Stecklinge.
Mit einem scharfen Messer
schwach verholzte Triebe vom
selben Jahr schneiden. In einen
Topf mit einem Sand-Erde-
Gemisch an den Rand setzen,
hier bewurzeln sie besser.

Vermehren durch Wurzelausläufer

Estragon, Pfefferminze und Zitronenmelisse können Sie durch Wurzelausläufer vermehren. Diese bilden sich aber nur, wenn die Pflanze
genügend Platz hat, um sich auszu-
breiten.
So wird's gemacht: Wenn Sie fest-
stellen, daß sich etwas abseits der

Mutterpflanze eine neue, kleine Pflanze aus dem Boden schiebt, so schneiden Sie diese mitsamt dem dazugehörenden Wurzelstrang ab und pflanzen sie in einen Topf oder an einen anderen Platz. Der oberirdische Teil der Pflanze muß etwas zurückgeschnitten werden, damit die Wurzeln nicht zuviel Blattwerk ernähren müssen.

Mein Tip: Gleichgültig, auf welche Art Sie Ihre Kräuter vermehren: Stellen Sie die Jungpflanzen niemals in die Sonne, sondern so lange an einen schattigen, warmen Platz, bis sie richtig angewachsen sind.

So kommen Kräuter gut über den Winter

An mehrjährigen Kräutern kann man viele Jahre lang seine Freude haben. Aber nur, wenn die Ruhezeit im Winter eingehalten wird. Wer Thymian, Rosmarin, Salbei oder Origano im Winter ins Haus nimmt und weiter erntet, wird eine Enttäuschung erleben. Die Pflanze wird bei guter Pflege vielleicht noch eine Zeitlang neue Triebe und Blätter bilden, aber damit erschöpfen sich die Reserven in der Wurzel. Im Frühjahr hat sie dann keine Kraft, sie kümmert oder geht ein.

Überwintern im Freien

Origano, Petersilie, Zitronenmelisse, Pfefferminze, Liebstöckel und Estragon können ohne weiteres mit etwas Schutz gegen Frost im Freien überwintern.
Im Gartenboden eingepflanzt brauchen sie nicht einmal unbedingt einen Winterschutz. Ein dickes Laubpolster tut ihnen aber gut.
In Töpfen und Kästen besteht im Freien die Gefahr des Vertrocknens, vor allem, wenn die Wurzelballen tagelang ganz durchgefroren sind. Stellen Sie deshalb die überwinternden Kräuter an einen geschützten

Vermehren durch Teilen.
Viele Kräuter können durch Teilung vermehrt werden (zum Beispiel Schnittlauch). Ein Teil des Blattwerkes abschneiden und den Wurzelstock vorsichtig teilen.

Platz, packen Sie die Töpfe in Noppenfolie oder dick in Zeitungspapier ein. Kästen auf Balkon und Terrasse brauchen einen Winterschutz aus Laub oder Tannenreisig.
Gegossen wird nur an frostfreien Tagen, dann aber muß es sein.

Überwintern im Haus

Wie Geranien und Kübelpflanzen kommen Lorbeer, Rosmarin, Salbei und Thymian ins Winterquartier. Die Pflanzen können draußen bleiben, bis sich Nachtfröste unter −5 °C ankündigen. Diese Pflanzen dürfen niemals in den dunklen Keller gestellt werden. Sie brauchen einen hellen, kühlen, frostfreien Platz. Die Temperaturen sollten 15 °C nicht überschreiten. Im Winterquartier wird nur wenig gegossen. Das Substrat darf nicht austrocknen. Sobald es draußen wärmer wird, kommen die Pflanzen wieder ins Freie. Das kann schon im März/April sein, die Pflanzen vertragen Temperaturen bis −5 °C.

Überwinterungstips

Dunkel stellen kann man alle abgeschnittenen mehrjährigen Kräuter: Liebstöckel, Estragon, Origano, Zitronenmelisse, Pfefferminze. Wenn man keinen geschützten Platz zum

Überwintern im Freien hat, stellt man die Töpfe bis Mitte Februar an einen kühlen Platz. Sie werden während dieser Zeit nicht gegossen. Ab Mitte Februar kommen die Kräuter dann an einen hellen, wärmeren Platz und werden regelmäßig leicht gegossen. So treiben sie schon bald wieder aus.
Hell stellen muß man alle Jungpflanzen, die aus Stecklingen oder aus geteilten Wurzelstöcken gezogen wurden. Sie müssen wie Zimmerpflanzen behandelt werden. Regelmäßiges Gießen und Übersprühen ist notwendig. Von diesen Jungpflanzen sollten Sie aber nicht ernten – auch wenn die Versuchung noch so groß ist.

Im Winter ernten?

Das ist möglich. Für die frische Ernte im Winter kommen Kräuter ins Haus, die man im Sommer speziell für diesen Zweck gesät oder gepflanzt hat. Petersilie und Schnittlauch können Sie im Herbst aus dem Gartenboden nehmen und in Töpfen ins Haus stellen, ebenso Bohnenkraut, Basilikum und Majoran. Sie werden versorgt wie die Kräuter auf der Fensterbank (→ Seite 13).
Seien Sie aber nicht enttäuscht, wenn diese Kräuter am Fenster nicht das Aroma entwickeln wie im Freien. Kresse und Kerbel können den Winter über in Töpfen auf der Fensterbank angesät werden.

Die beliebtesten Küchenkräuter – Anzucht und Pflege

Auf den folgenden Seiten erfahren Sie, worauf es bei der Anzucht und Pflege der Küchenkräuter ankommt. Und natürlich finden Sie auch viel Wissenswertes über ihren Geschmack und ihre Verwendung in der Küche.

Erläuterung der Stichworte

Zuerst wird der deutsche Name genannt, dann der botanische. Unter dem Stichwort Aussehen werden die charakteristischen Merkmale des jeweiligen Krauts beschrieben. Je nach Geschmack wird die passende Verwendung in der Küche empfohlen. Praktische Tips über den Umgang mit Samen und Setzlingen finden Sie unter Anzucht. Die richtige Erdmischung, das Substrat, ist wichtig für die erfolgreiche Kräuterpflege. Wo das Kraut am besten gedeiht – auf dem Balkon, der Fensterbank oder im Garten – steht unter Standort. Es folgen wichtige Hinweise zu Licht und Wärme am Kräuterstandort. Beim Gießen und Düngen geht es um das richtige Maß. Bei Ernte wird auf die beste Erntezeit hingewiesen. Fürs Vermehren Ihrer Kräuter wird die geeignete Methode genannt. Außerdem erfahren Sie, was Sie im Winter mit den Kräutern tun können, welche Möglichkeiten es fürs Konservieren gibt. Achtung macht Sie darauf aufmerksam, wann welches Kraut nicht verwendet werden sollte.

Erläuterung der Symbole

 Das Kraut soll hell und sonnig stehen.

 Das Kraut soll hell stehen, aber nicht den ganzen Tag in der Sonne; Halbschatten.

 Einjährige Pflanze, im Frühjahr ausgesäte Pflanze stirbt im Herbst ab.

 Zweijährige Pflanze, blüht und fruchtet erst im zweiten Jahr, stirbt dann ab.

 Mehrjährige Pflanze, hat bei guter Pflege eine lange Lebensdauer.

Der Schöne vom Feld. ▷
Quendel heißt der Feldthymian im Volksmund.

Gedeiht im Topf besser als im Garten.

Mehrere rote Sorten sind im Handel.

Basilikum
Ocimum basilicum

Basilienkraut, Königs-
kraut, Bienenweide,
Krampfkräutel, Balsam

Aussehen: An kantigen
Stengeln ovale, leicht ge-
wölbte Blätter, je nach
Sorte smaragdgrün (aro-
matischer) oder rötlich-
braun (sehr dekorativ).
Kleinblättrige Sorten
(Höhe: 15 bis 25 cm) sind
fürs Fensterbrett und den
Balkon besser geeignet
und besonders aroma-
tisch. Für den Anbau im
Freiland sind die groß-
blättrigen Arten (Höhe:

bis 50 cm) robuster. Ab
Juni Blüte an den Trieb-
spitzen weiß bis rosa.
Geschmack: Pfeffrig süß,
sehr aromatisch, »er-
schlägt« mitverwendete
Kräuter.
Verwendung: Die Blätter
frisch zu Tomaten, Sala-
ten, Eiern, Pesto, Mittel-
meergerichten, Fisch,
Käse. Nicht mitkochen.
Anzucht: Einjährig. Lichtkeimer, Samen nicht mit
Erde bedecken. Wenn
Keimlinge etwa 10 cm
hoch, büschelweise in
Töpfe oder Kästen setzen.
Substrat: 1/2 Blumen-
erde oder TKS 2,
1/4 Sand, 1/4 Kompost.

Standort: In Töpfen
und Kästen auf Balkon,
Terrasse und vor dem
Fenster, nur in warmen
Sommern im Freiland.
Licht: Sonnig, hell.
Wärme: Samen keimen
erst, wenn die Nächte
wärmer als 10 °C sind. In
kühlen Sommern kulti-
viert man am besten an
einem warmen Platz auf
Balkon oder Fensterbank.
Gießen: Erde nie aus-
trocknen lassen, an hei-
ßen Tagen täglich gießen.
Düngen: Als Vorratsdünger etwas organischen
Dünger in das Substrat
geben, 4 Wochen nach
dem Pflanzen mit Brenn-
nesselbrühe düngen.

Ernten: Junge Blätter.
Triebspitzen abschneiden,
dann verzweigt es sich
wieder, Ernte den ganzen
Sommer über.
Vermehren: Durch ge-
kaufte Samen, reifen in
unserem Klima nicht.
Winter: Im August nochmals Basilikum für die
Ernte auf der Fensterbank
säen, das Aroma ist allerdings nicht so intensiv.
Konservieren: In Essig
und Öl einlegen, einfrie-
ren.

Mein Tip: Ein Topf mit
Basilikum auf dem Fen-
sterbrett hält im Sommer
lästige Fliegen ab.

Braucht viel Wärme und Sonne auf dem Balkon.

Schauen Sie die Blüten mal aus der Nähe an.

Bohnenkraut
Satureja hortensis

Pfefferkraut, Wurstkraut, Josefskraut, Allkraut, Weinkraut

Aussehen: Verzweigte, harte Stengel (bis 30 cm hoch) mit schmalen, dunkelgrünen Blättern. In den Blattachseln ab Juli rosa bis zartlila Blüten.
Geschmack: Intensiv aromatisch, pfeffrig.
Verwendung: Blätter oder ganze Stengel zu Bohnen oder anderen Hülsenfrüchten, Kartoffelsuppe, Eintöpfen, fettem Fleisch. Appetitan-regend und verdauungsfördernd. Wird mitgekocht.
Anzucht: Einjährig. Lichtkeimer. Vorziehen im Kleingewächshaus oder auf der Fensterbank. Sind die Sämlinge 5 cm hoch, pikieren und in größere Töpfe pflanzen – bei einem Topfdurchmesser von 12 cm 3 Pflanzen. Ab Mitte Mai kann Bohnenkraut ins Freiland. Bis die Jungpflanzen gut angewachsen sind, nicht austrocknen lassen, nicht zu naß stellen. Später können sie auch mal trocken stehen.

Substrat: 1/2 TKS 2, 1/4 Kompost, 1/4 Sand, etwas Kalk.
Standort: In Töpfen, Schalen und Kästen auf Balkon und Terrasse, im Blumenkasten vor dem Fenster, im Winter auf der Fensterbank. Im Freiland.
Licht: Sonniger Platz.
Wärme: Großes Wärmebedürfnis.
Gießen: Nur feucht halten, verträgt Trockenheit.
Düngen: Schadet dem Aroma.
Ernten: Bohnenkraut entfaltet sein Aroma am besten während der Blüte und in der Mittagssonne. Triebe etwa 10 cm über dem Boden abschneiden, dann wächst die Pflanze nach und verzweigt sich.

Vermehren: Durch Samen, reifen bei uns nicht aus.
Winter: Wenn Sie im Juni/Juli nochmals aussäen, dann haben Sie ausreichend Vorrat für den Winter. Man kann dann mehrere Pflanzen in einem relativ großen Topf ans Küchenfenster stellen. Sie wachsen nach dem Abschneiden nicht weiter.
Konservieren: Trocknen, Einfrieren.

Mein Tip: Frieren Sie Bohnenkraut zusammen mit grünen Bohnen ein.

Die leuchtend blauen Blüten des Boretsch sind dekorativ – Bienen lieben sie besonders.

Boretsch
Borago officinalis

Gurkenkraut, Himmels-
stern, Liebäuglein, Herz-
freude

Aussehen: Dicht be-
haarte Stengel mit gro-
ßen, hellgrünen, behaar-
ten Blättern. Strahlend
blaue Blüten an den Triebspitzen. Dekorative Zier-
pflanze, beliebt bei Bie-
nen und Hummeln. Im
Garten bis zu 1 m hoch,
im Topf kleiner.
Geschmack: Feinsäuer-
lich, frisch, etwas nach
Gurken.

Verwendung: Junge Blät-
ter als Würze zu Salaten,
Eiergerichten, Käse,
Quark, zum Einlegen von
Gurken. Blüten als eßbare
Dekoration für Salate.
Nicht mitkochen, nur
frisch verwenden.
Anzucht: Einjährig. Dun-
kelkeimer. Säen Sie an Ort
und Stelle. Die großen
Samen lassen sich gut do-
sieren. Aussaat ab Ende
April im Freiland, in Töp-
fen etwas früher. Säm-
linge sind wegen der
Pfahlwurzeln schlecht zu
verpflanzen. Deshalb im
Freiland etwa 40 cm Ab-
stand, pro Topf nur 1 bis
2 Pflanzen. Steht
Boretsch zu eng, wird er
leicht von Mehltau oder
Blattläusen befallen.

Substrat: 1/2 TKS 2 oder
Gartenerde, 1/2 Kom-
post.
Standort: In großen Töp-
fen und tiefen Kästen auf
Balkon und Terrasse, als
Unterpflanzung unter
Kübelpflanzen, im Frei-
land im Blumenbeet.
Braucht viel Platz.
Licht: Hell, sonnig.
Wärme: Braucht Wärme
zum optimalen Gedeihen,
keimt aber auch bei küh-
lem Wetter.
Gießen: An heißen Tagen
täglich.
Düngen: Kompost oder
organische Dünger als
Vorratsdünger in das Sub-
strat mischen. Alle 4 Wo-
chen mit Brennessel- oder
Beinwellbrühe düngen.
Ernten: Erst ernten, wenn

sich kräftige Stengel gebil-
det haben. Bei zu früher
Ernte verkümmert die
Pflanze. Das beste Aroma
haben die oberen jungen
Blätter und die Blätter,
die aus den Blattachseln
wachsen.
Vermehren: Durch
Samen.
Winter: Stecken Sie im
August nochmals Samen
in 1 bis 2 Töpfe, dann kön-
nen Sie die Pflanzen am
Küchenfenster bis in den
November halten.
Konservieren: Einfrieren,
verliert aber an Ge-
schmack. Blüten kandie-
ren.

Dill
Anethum graveolens

Dillfenchel, Gurken-
kräutel, Kapernkraut,
Kümmerlingskraut

Aussehen: Bis 1 m hoher
Stengel mit vielen, sehr
fein gefiederten Blätt-
chen.
Geschmack: Blätter
frischwürzig, sehr aroma-
tisch. Samen kümmel-
artig.
Verwendung: Blätter zu
grünen Salaten, Gurken-
und Kartoffelsalat, Soßen,
Mayonnaisen und Fisch.
Nicht mitkochen. Samen
zum Einlegen von sauren
Gurken.
Anzucht: Einjährig. Dunkelkeimer. Ab April Samen
in Erde legen, nie trocken
werden lassen. Umsetzen
nur bei kleinen Pflänz-
chen möglich (Pfahlwur-
zel!). Dill ist launisch,
keimt nicht immer!
Substrat: 1/2 Kompost,
1/4 Gartenerde,
1/4 Sand.
Standort: In tiefen Töpfen
und Kästen auf Balkon
und Terrasse an zugfreiem
Platz. Im Freiland.
Licht: Braucht Sonne, Fuß
der Pflanze aber schattig
– also zwischen andere
Kräuter säen oder mul-
chen.
Wärme: Braucht Wärme,
in kühlen Sommern an
einen geschützten Platz
stellen.

Gießen: Das Substrat darf
nie austrocknen. Stau-
nässe unbedingt vermei-
den.
Düngen: Nicht nötig.
Ernten: Die grünen Blättchen ständig. Die Stengel
können mitverwendet
werden. Ausgedünnte
Pflänzchen in der Küche
verwenden. Samen ab
August/September ern-
ten.
Vermehren: Aussaat, Samen bleiben 4 Jahre keim-
fähig.
Winter: Im August nochmals in einen großen Topf
säen. Die Sorte »Sperlings
Elefant« gedeiht auch bei
schlechten Lichtverhält-
nissen auf der Fenster-
bank. Vor dem Frost ins
Haus nehmen, sehr hell
stellen.
Konservieren: Samen-
stände und Blätter in Es-
sig. Samen trocknen. Blätter besser einfrieren.
Achtung: Nierenkranke
sollten keinen Dill verwenden.

Mein Tip: Säen Sie Dillsamen zwischen all Ihre
Küchenkräuter. So haben
Sie die beste Chance, daß
er an irgendeiner Stelle
aufgeht. Denn, wenn
etwas stimmt, dann der
alte Spruch: »Dill macht,
was er will«.

Dillsamen würzen alles, was man sauer einlegt.

Estragon gedeiht immer, auch in kühlen Sommern und in unwirtlichen Hochlagen.

Estragon
Artemisia dracunculus

Schlangenkraut, Eierkraut, Drachenkraut, Bertram

Aussehen: Verzweigte Stengel mit schmalen, länglichen, sattgrünen Blättern. An den Triebspitzen ab Juni grünliche Blütenrispen. Im Freiland bis 1,50 m hoch, in Töpfen kleiner.
Geschmack: Bittersüß, feinwürzig.
Verwendung: Blätter zu Salaten, Fisch, Geflügel, Suppen, fines herbes. Nicht mitkochen.

Anzucht: Mehrjährig. Dunkelkeimer. 2 Sorten: Der Russische Estragon ist nicht so feinwürzig, aber sehr robust. Man zieht ihn auf der Fensterbank vor und pflanzt ihn, wenn die Sämlinge gut bewurzelt sind, in große Pflanzgefäße oder ins Freiland. Der Französische Estragon (auch Deutscher Estragon), ist aromatischer, aber etwas empfindlicher gegen Kälte. Er wird nur durch Wurzelausläufer vermehrt. Im Freiland kann eine Estragonpflanze bis zu 4 Jahren halten, dann verkahlt sie von unten.
Substrat: 1/2 TKS 2 oder Gartenerde, 1/2 Kompost.

Standort: In großen Töpfen und Pflanzkästen auf Balkon und Terrasse, im Freiland an einem geschützten Platz, auch zwischen Stauden.
Licht: Anspruchsvoll, am besten an heller Wand.
Wärme: Gedeiht auch in kühlen Sommern und rauhen Klimalagen.
Gießen: Bei Trockenheit kräftig, bei Topfpflanzen Staunässe vermeiden.
Düngen: Etwas organischen Dünger und 1 EL Steinmehl zum Substrat geben. Mit Brennessel- oder Beinwellbrühe alle 4 Wochen düngen.
Ernten: Blätter, ständig.

Vermehren: Russischer Estragon durch Samen. Französischer durch Wurzelausläufer.
Winter: Im Herbst bis auf den Boden herunterschneiden. In kalten Wintern im Freiland Winterschutz aus Tannenreisig oder Laub. Topfpflanzen im Winter ins Zimmer nehmen und ernten, bis die Pflanze verbraucht ist. Im Frühjahr neu aussäen. Vom Französischen Estragon legt man im September Wurzelausläufer in kleine Töpfe und überwintert sie am hellen Fenster. Erst im Frühjahr ernten!
Konservieren: In Essig einlegen, Einfrieren.

Zwischen dunklem Laub leuchtende Blüten.

Die Blütenknospen verarbeitet man zu Kapern.

Kapuzinerkresse
Tropaeolum majus,
T. nanum

Indische Kresse, Blume der Liebe, Salatblume

Aussehen: Es gibt 2 Sorten: *T. majus* hat bis zu 1 m lange Ranken, T. nanum wächst in Büschen. Die runden, blaugrünen Blätter stehen an saftigen Stielen, die Blüten sind sehr groß, haben einen Sporn und sind hellgelb bis tiefrot.
Geschmack: Kresseartig, aber nicht so scharf.
Verwendung: Blätter kleingeschnitten zu Sala-ten, Quarkspeisen. Blüten als eßbare Dekoration. Blütenknospen als Kapern. Nicht mitkochen.
Anzucht: Einjährig. Dunkelkeimer. Die dicken Samenkörner werden 2 cm tief einzeln in die Erde gesteckt. Die gut zu dosierenden, großen Samen weit genug auseinandersetzen! Damit Kapuzinerkresse schon im Mai blüht, kann man sie am Zimmerfenster vorziehen. Im Freiland erst säen, wenn die letzten Nachtfröste vorbei sind. Wachsen die Ranken zu lang, kann man sie einkürzen. Sie blüht bis zum ersten Frost.
Substrat: 1/2 Blumen- oder Gartenerde, 1/2 Kompost.

Standort: Als blühender Balkonschmuck in Blumenkästen, vor dem Fenster, als Beeteinfassung im Garten und auf der Terrasse, als Unterpflanzung zu Kübelpflanzen. Keine Zimmerpflanze.
Licht: Kapuzinerkresse blüht nur an einem hellen Standort.
Wärme: Nicht sehr empfindlich, wächst und blüht auch in kühlen Sommern und rauhen Klimalagen.
Gießen: Balkonkästen regelmäßig wie alle Balkonblumen, im Freiland nur in Trockenperioden.
Düngen: Nicht notwendig.
Ernten: Frische, junge Blätter, Blüten, Blütenknospen.

Vermehren: Durch Samen, die man selbst gewinnen kann.
Winter: Im Boden (Freiland) überwinterte Samen keimen im nächsten Frühjahr.
Konservieren: Blütenknospen in Salzlake oder Essig, Blätter und Blüten in Essig.
Wichtig: Blattläuse lieben Kapuzinerkresse über alles, diese Vorliebe schützt die anderen Balkonpflanzen vor den Schädlingen. Nehmen Sie deshalb einen Befall von Blattläusen an einigen Blättern in Kauf. Sind die Pflanzen total befallen, müssen sie vernichtet werden.

Kerbel, für Kenner eine Delikatesse.

Am besten schmecken die jungen Blätter.

Kerbel
Anthriscus cerefolium

Küchenwürze, Karweil, Körfel, Suppenkraut

Aussehen: Hellgrüne, weiche, gefiederte Blättchen an einem unten stark, nach oben weniger verzweigten Stengel. Wird im Freiland bis 60 cm hoch. Ab Mai eine hohe weiße Blütendolde.
Geschmack: Würzig-süß, anisartig, aber milder.
Verwendung: Junge Blättchen zu Suppen (Kerbelsuppe), Salaten, fines herbes. Vorsicht bei der Mischung von Kerbel und Zitronensaft, wird schnell zu sauer. Nicht mitkochen.
Anzucht: Einjährig. Dunkelkeimer. Es ist Saatgut von glatt- und krausblättrigem Kerbel im Handel, beide sind gleich aromatisch. Säen Sie Ende März, Anfang April ziemlich dicht in Schalen, Kästen oder direkt ins Freiland. Nach 1 Woche kommen die ersten Keimlinge im Topf, im Freiland dauert es doppelt so lange. Schon nach 6 Wochen kann Kerbel geschnitten werden. Er wächst in diesem jungen Stadium nicht nach. Säen Sie deshalb alle 2 Wochen aus, so können Sie das ganze Jahr frisch ernten. In Schalen oder Kästen für jede Aussaat frische Erde verwenden.
Substrat: 2/3 TKS 2 oder Gartenerde, 1/3 Sand.
Standort: In Kästen und Schalen auf Balkon, Terrasse und Fensterbank. Im Freiland in Reihen.
Licht: Kerbel gedeiht am besten im Halbschatten, mag außer im März und April keine pralle Sonne.
Wärme: Nicht empfindlich, kann schon im März ausgesät werden.
Gießen: Ständig feucht halten, sonst färben sich die Blätter rot und die Pflanze blüht, bevor man ernten kann. Das Aroma verliert sich dann etwas.
Düngen: Nicht notwendig.
Ernten: Junge Blättchen vor der Blüte.
Vermehren: Durch Samen. Lassen Sie im Garten einige Kerbelpflanzen auswachsen und Samen bilden. Das gibt die Ernte fürs nächste Jahr.
Winter: Kerbel kann man im Winter wie Kresse auf der Fensterbank ziehen.
Konservieren: Einfrieren.

Das ganze Jahr über leicht auf der Fensterbank zu ziehen.

Kresse
Lepidium sativum

Gartenkresse, Kressekraut, Pfefferkraut

Aussehen: An zähen Stielen hellgrüne, verschieden gefiederte Blättchen. Grundblätter klein und eiförmig, in dieser Form wird Kresse meist verwendet. Läßt man sie auswachsen, bilden sich an den Triebenden kleine weiße Blüten.
Geschmack: Rettichartig, scharf, frisch.
Verwendung: Zu Salaten, Quark, Eiern und aufs Butterbrot. Überdeckt andere Gewürze. Nicht mitkochen.
Anzucht: Einjährig. Lichtkeimer. Die Samen keimen nach 2 bis 3 Tagen. Wenn Sie alle 8 Tage Kresse säen, haben Sie sie ständig zur Verfügung. Im Freien eignet sich Kresse auch als Vorsaat auf Beeten, wo man erst später pflanzt. Als Zwischensaat ist Kresse nicht geeignet, das scharfe Senföl stört das Wachstum anderer Pflanzen.
Substrat: Nebensächlich, da Kresse jung geerntet wird. Geeignet sind Sand, Torf, Blumenerde. Aber Kresse wächst auch auf feuchtem Küchenkrepp oder nasser Watte.
Standort: Im Freiland an einem halbschattigen Platz, in Schalen, Kästchen, flachen Tellern auf dem Balkon und am Küchenfenster.
Licht: Halbschatten, lieber ein Nord- als ein Südfenster.
Wärme: Spielt keine Rolle, keimt ab März im Freien, aber auch im geheizten Zimmer.
Gießen: Samen und Pflanzen ständig feucht halten.
Düngen: Nicht nötig.
Ernten: Nur ganz junge Pflänzchen, bis zu einer Höhe von 10 bis 15 cm.
Vermehren: Durch Samen.
Winter: Wächst den ganzen Winter über auf der Fensterbank im Zimmer. Wichtiger Vitamin-C-Lieferant in dieser Jahreszeit.
Konservieren: Nicht möglich und auch nicht nötig, da man Kresse das ganze Jahr über auf der Fensterbank ziehen·kann.

Mein Tip: Im heißen Sommer wird Kresse im Freiland zu scharf und bitter. Der richtige Platz für die Sommerkultur ist also ein halbschattiges Plätzchen auf dem Balkon – oder die Fensterbank.

Ab Juli blüht das Liebstöckel.

Sparsam mit den sehr würzigen Blättern umgehen.

Liebstöckel
Levisticum officinale

Gichtstock, Suppenlaub, Maggikraut

Aussehen: An kantigen Stengeln kräftige, geschlitzte Blätter. Im Freiland bis zu 1,50 m hoch und buschig. Der Austrieb im Frühjahr ist rötlich. Ab Juli gelbgrüne Blütenrispen an den Triebenden.
Geschmack: Kräftig würzig, etwas nach Sellerie.
Verwendung: Blätter und Stengel an Suppen, Ragouts, Eintöpfe und Salate – auch an Wurst- und Fleischsalate. Nur sparsam verwenden, Geschmack dominiert. Kann roh und gekocht verwendet werden.
Anzucht: Mehrjährig. Es lohnt sich nicht, Liebstökkel aus Samen zu ziehen. Die Samen keimen nur, wenn sie vom vorigen Herbst sind und auch dann nur zu 40 %. Da eine Pflanze für eine Familie genügt, kauft man besser eine vorgezogene Jungpflanze.
Substrat: 1/3 Gartenerde oder TKS 2, 2/3 Kompost.
Standort: In großen, tiefen Pflanzgefäßen auf Balkon und Terrasse, im Garten wegen des hohen Düngerbedarfs nur im Staudenbeet.

Licht: Sonne oder Halbschatten.
Wärme: Nicht kälteempfindlich, kann an einer geschützten Stelle schon im April ins Freie gesetzt werden.
Gießen: Reichlich, bei heißem Wetter täglich.
Düngen: Wenn kein Kompost zur Verfügung steht, als Vorratsdünger eine Handvoll organischen Dünger (Hornspäne) in das Substrat geben. Alle 4 Wochen Brennessel- oder Beinwellbrühe. Topfpflanzen jedes Jahr in neues Substrat setzen.
Ernten: Frische Blätter von Mai bis November.
Vermehren: Eine junge Liebstöckelpflanze im zweiten Frühjahr teilen.
Winter: Im Winter werden die Stengel abgeschnitten. Im Freiland überwintert man Liebstöckel problemlos. Topfpflanzen werden wie Kübelpflanzen in einem kühlen Raum überwintert. Liebstöckel braucht Winterruhe. Stellt man ihn bereits im März ans Licht und gießt ihn regelmäßig, kann man bald die ersten Blätter ernten.
Konservieren: Trocknen, Einfrieren, Einsalzen.
Achtung: Schwangere sollten Liebstöckel nicht verwenden!

Die Beeren des Lorbeer nicht verwenden.

Ältere Pflanzen blühen manchmal.

Lorbeer
Laurus nobilis

Suppenblatt, Lorbeerblatt

Aussehen: Kräftiger Strauch mit verholzten Zweigen und ledrigen, länglichen, immergrünen Blättern. Im Mai blühen ältere Pflanzen. Die Blüten sind klein, weiß und duften. Die schwarzen Beeren werden nicht zum Würzen verwendet.
Geschmack: Sehr würzig, frische Blätter etwas bitter.
Verwendung: Blätter zu Suppen, Fisch- und Fleischgerichten, Kartoffeln, Wildmarinaden, Einlegen von Gurken, Sauerkraut.
Anzucht: Mehrjährig. Vermehrung nur durch Stecklinge.
Substrat: 1/2 Gartenerde, 1/2 Kompost.
Standort: Als Kübelpflanze auf Balkon und Terrasse, Jungpflanzen im Winter im nicht zu warmen Wohnzimmer.
Licht: Im Sommer hell, aber nicht den ganzen Tag Sonne.
Wärme: Kurzfristig werden Fröste bis −10 °C vertragen.
Gießen: Zweimal wöchentlich. Wenn die Blätter vertrocknen, geht die Pflanze ein.

Ernten: Ständig, frische Blätter.
Vermehren: Lorbeer wird über Stecklinge vermehrt, die sehr langsam wachsen. In den ersten Jahren die Blätter nicht ernten, sondern sie der Pflanze zur Assimilation belassen. Ist der Strauch groß genug, kann er als Pyramide geschnitten oder als Kronenbäumchen geformt werden.
Winter: Überwintern in einem hellen Raum bis 15 °C und alle 4 Wochen gießen.
Konservieren: Blätter in Sträußen oder einzeln trocknen. Wenn die Blätter braun werden – Aromaminderung.

Wichtig: Im Sommer hin und wieder mit scharfem Wasserstrahl abspritzen, um Blattläuse zu vertreiben. Im Winterquartier ist die Pflanze anfällig für Schildläuse, regelmäßig nachschauen. Schildläuse ablesen.
Achtung: Kann Allergien auslösen!

Mein Tip: Wenn man den Strauch im Herbst in Form gebracht hat, abgeschnittene Zweige zusammenbinden und im Schatten trocknen. Sie sehen als Kräuterstrauß in der Küche sehr dekorativ aus.

Typisch: Die kugeligen Hüllblätter des Majoran.

Jungtrieb mit kräftigem Geschmack.

Majoran
Majorana hortensis

Mairandost, Kranzkraut, Wurstkraut

Aussehen: An rötlichen, vierkantigen Stengeln feinbehaarte, eiförmige Blättchen. An den Triebspitzen ab Juni weiße oder zartlila Blüten zwischen grünen Hüllblättern. Wird bei guter Pflege recht buschig, bis 50 cm hoch – braucht also ausreichend Platz.

Geschmack: Kräftigwürzig.

Verwendung: Blätter oder Zweige zu Fleischgerichten, Kartoffeln (Bratkartoffeln!), Tomaten, Eintöpfen. Wird erst die letzten 10 Minuten mitgekocht. Paßt zu den meisten Gewürzen nicht.

Anzucht: Bei uns einjährig. Lichtkeimer. 2 Sorten: Französischer Majoran ist recht robust. Deutscher Majoran ist empfindlicher, wächst aber schneller. Für Balkon und Terrasse eignen sich beide Sorten. Im Garten und in rauhen Klimalagen bevorzugt man Französischen Majoran. Anzucht aus Samen lohnt sich nur, wenn man sehr viel braucht. Einfacher ist es, 1 oder 2 Jungpflanzen zu kaufen.

Substrat: 1/2 humose Erde, 1/2 Sand, etwas Kalk.

Standort: In Kästen oder größeren Töpfen auf Balkon und Terrasse, im Blumenkasten vor dem Südfenster, im Steingarten. Im Winter an einem hellen Fensterplatz.

Licht: Hell, sonnig.

Wärme: Sehr kälteempfindlich. Darf erst Ende Mai ins Freie und muß vor den ersten Herbstfrösten ins Zimmer genommen werden.

Gießen: Jungpflanzen nicht austrocknen lassen. Gut angewachsene Pflanzen können auch trocken stehen.

Düngen: Nicht notwendig.

Ernten: Die jungen Triebspitzen, die grünen kugeligen Hüllblätter der Blüten verwendet man mit. Das intensivste Aroma hat Majoran am frühen Morgen oder am späten Nachmittag.

Vermehren: Durch Samen, die bei uns aber nicht reif werden.

Winter: Im Herbst kann man 1 oder 2 kräftige Pflanzen an ein helles Fenster stellen und weiterernten, die Triebe wachsen nicht mehr nach.

Konservieren: Trocknen und luftdicht verschlossen aufbewahren, in Öl einlegen.

Zerreibt man die Blätter im Mörser, entfaltet sich der Geschmack besonders kräftig.

Melisse
Melissa officinalis

Honigblatt, Zitronenmelisse, Bienenkraut

Aussehen: Hellgrüne, gezähnte, eiförmige Blätter an vierkantigen, behaarten und verzweigten Stengeln. Im Juli in den Blattachseln kleine rosa oder weiße Blüten. Im Freiland bis zu 1 m hoch.
Geschmack: Frisch nach Zitrone, etwas bitter-süß.
Verwendung: Zu Salaten, Tomaten, Kräutersoßen, Mayonnaise, Fisch, Reis, in Bowlen und als Tee. Roh verwenden oder nur ganz kurz mitkochen. Aroma stärker durch Zerreiben.
Anzucht: Mehrjährig. Am besten kauft man Setzlinge, denn eine Pflanze reicht für eine Familie.
Substrat: 1/3 Gartenerde, 1/3 Kompost, 1/3 Sand.
Standort: In großen Töpfen oder Kästen auf Balkon und Terrasse, im Blumenkasten vor dem Fenster, im Zimmer an einem hellen, nicht zu warmen Platz. Im Freiland, wo sie andere Pflanzen nicht behindert.
Licht: Braucht volle Sonne, im Zimmer Südfenster.

Wärme: Nicht kälteempfindlich, überwintert zurückgeschnitten im Freiland problemlos. Ab April ins Freie.
Gießen: Jungpflanzen nicht trocken stehen lassen. Ältere Pflanzen vertragen Trockenheit.
Düngen: Im Mai und Juli einmal mit Brennesselbrühe.
Ernten: Junge, hellgrüne Blätter vom zeitigen Frühjahr bis zum späten Herbst.
Vermehren: Eine große Pflanze kann man im Frühjahr durch Teilung der Wurzelstöcke vermehren.
Winter: Überwintert im Freiland, in warmen Wintern treibt sie schon im Februar aus. In Töpfen erst ins Haus, wenn Dauerfrost angesagt ist. Je nach Größe entweder in einem kühlen, hellen Raum überwintern, dann behält sie die Blätter. Große Pflanzen radikal zurückschneiden und in einem kühlen, dunklen Raum überwintern. Im März ans Licht stellen und regelmäßig gießen. Die Pflanze treibt dann schnell wieder aus.
Konservieren: Trocknen, Einfrieren.

Mein Tip: Stellen Sie Melisse auf Balkon oder Terrasse, sie strömt zarten Zitronenduft aus.

Bringt das Aroma des Südens in die Küche.

Hübsch die üppigen rosa Blütenbüschel.

Origano
Origanum vulgare

Dost, Wilder Majoran, Staudenmajoran, Berghopfen

Aussehen: Viele kleine feinbehaarte, graugrüne Blättchen an bis zu 70 cm langen, harten, rötlichen Stengeln. Ab Juli rosa Blütenbüschel.
Geschmack: Herbaromatisch.
Verwendung: Zu allen mediterranen Gerichten, Pizzas, Käse, Fleisch, Wurst, Suppen und als Tee. Wird mitgekocht.

Anzucht: Mehrjährig. Dunkelkeimer. Kann aus Samen auf der Fensterbank vorgezogen werden. Ab Mai ins Freie. Einfacher ist es, Jungpflanzen zu kaufen, sie entwickeln sich schneller.
Substrat: 1/2 TKS 2, 1/4 Kompost, 1/4 Sand, etwas Kalk.
Standort: In großen Töpfen, Schalen und Kästen auf Balkon und Terrasse, im Blumenkasten vor dem Südfenster, im Freiland auch im Steingarten. Origano braucht viel Platz – ein großer Holzkasten oder Pflanzenschalen eignen sich daher besser als Töpfe. Im Garten braucht er einen Platz, wo er sich gut ausbreiten kann.

Licht: Volle Sonne.
Wärme: Gedeiht auch in kühlen Sommern, hat dann aber nur ein schwaches Aroma. Braucht in rauhen Gegenden Winterschutz.
Gießen: Eher trocken halten.
Ernten: Blätter und Triebspitzen mit Blüten. Ab und zu sollten Sie einen Teil der langen Stengel abschneiden und trocknen. Aus den Wurzeln bilden sich neue Triebe mit aromatischen jungen Blättern.
Vermehren: Ab dem zweiten Jahr kann man den Wurzelstock teilen.
Winter: Im Herbst wird Origano heruntergeschnitten und überwintert

mit etwas Laub bedeckt. Töpfe und Kästen auf dem Balkon sollten vor Dauerfrost geschützt werden. Notfalls den Topf im Keller kühl und dunkel überwintern.
Konservieren: Trocknen, Einfrieren.
Achtung: Als Tee nicht in der Schwangerschaft anwenden!

Mein Tip: Teilen Sie im August/September ein Stück Wurzel mit jungen Trieben ab und setzen Sie es in einen Topf. Im Oktober wird er ans Küchenfenster gestellt, einige Wochen kann man ernten.

Petersilie gedeiht in großen Töpfen sehr gut. Pflanzen Sie krause und glatte Sorten.

Petersilie
Petroselinum crispum

Peterle, Federselli, Suppenkraut

Aussehen: An kantigen Stengeln krause oder gefiederte Blätter. Im zweiten Jahr an langem Stengel eine grünlichgelbe Blütendolde.

Geschmack: Würzig, etwas bitter.

Verwendung: Glatte Petersilie ist aromatischer als krause, die sich zur Dekoration eignet. Man gibt die Blätter an Salate, Kartoffeln, Gemüse, Soßen, Quark. Nicht mitkochen, an warme Speisen erst zum Schluß.

Anzucht: Zweijährig. Dunkelkeimer. Petersilie wird ab März im Topf oder Kasten auf der Fensterbank vorgezogen und kann im April, wenn die Pflänzchen kräftig sind, ins Freie gestellt werden. Im Freiland sät man besser im August, man kann dann im folgenden Frühjahr ernten. Im zweiten Jahr, wenn sich Blüten bilden, wird sie ungenießbar. Man muß in jedem Jahr neu säen.

Substrat: 1/2 Gartenerde oder TKS 2, 1/2 Kompost.

Standort: In tiefen Töpfen oder Kästen auf Balkon und Terrasse, im Blumenkasten vor dem Fenster, im Freiland jedes Jahr an einem anderen Platz.

Licht: Halbschattig, auf der Fensterbank im Winter aber hell.

Wärme: Gedeiht auch in kühlen Sommern gut.

Gießen: Substrat im Topf nicht austrocknen lassen.

Düngen: Kein Mineraldünger, kein tierischer Dünger. Ist kein Kompost vorhanden, Vorratsdüngung im Topf mit reichlich organischem Dünger.

Ernten: Erst ernten, wenn sich viele kräftige Blätter gebildet haben. Sie wächst dann besser, je öfter man schneidet.

Vermehren: Durch Samen, die man im zweiten Jahr ernten kann.

Winter: Kann im Freiland überwintern. Im Topf übersteht sie den Winter draußen nicht. Holen Sie in der kalten Jahreszeit kräftige Pflanzen aus dem Garten in einem Topf ans Küchenfenster zur frischen Verwendung.

Konservieren: Trocknen, Einfrieren, Einsalzen.

Achtung: Samen sind giftig!

Minze ist vielseitig verwendbar.

Die Blüten erscheinen im Hochsommer.

Pfefferminze
Mentha piperita

Katzenbalsam, Englische Minze, Grüne Minze, Flohkraut

Aussehen: An langen kantigen Stengeln dunkelgrüne oder rötliche Blätter mit gezähnten Rändern. Im Juli/August rosa Scheinähren an den Triebspitzen.
Geschmack: Kühl-aromatisch.
Verwendung: Blätter zu Tee, Sommergetränken, Likör, Lammfleisch, Salatsoßen. Roh verwenden oder mitkochen.

Anzucht: Mehrjährig. Aussaat lohnt nicht, besser kauft man eine Jungpflanze. Interessant für Balkongärtner: ausgefallene Sorten wie Orangenminze, Apfelminze, Ananas- und Gewürzminze. Wer gerne Lammfleisch mit Minze mag, sollte krause Minze verwenden, die milder ist. Bachminze, die auch wild vorkommt, hat ein besonders feines Aroma. Auch Jungpflanzen von Spearmint kann man kaufen, eher herb.
Substrat: 1/2 Gartenerde oder TKS 2, 1/2 Kompost.
Standort: Auf Balkon und Terrasse in großem Topf oder größerer Pflanzschale. Zu Balkonblumen in den Blumenkasten. Im

Freiland an einem abzugrenzenden Platz. Das Wachstum der Wurzeln beschränkt man durch einen Eimer ohne Boden, in den man die Pflanze setzt.
Licht: Sonnig, halbschattig.
Wärme: Aroma in heißen Sommern besser als in kühlen. Nicht sehr frostempfindlich.
Gießen: Jungpflanzen nicht trocken stehen lassen; ältere Pflanzen nur bei Trockenheit gießen.
Düngen: Nicht notwendig.
Ernten: Triebspitzen mit jungen Blättern (feiner im Aroma). Hin und wieder einen Teil der Stengel bis zum Boden abschneiden

(trocknen), damit sich neue Triebe bilden.
Vermehren: Durch Wurzelausläufer.
Winter: Radikal zurückschneiden, im Freiland etwas Winterschutz, im Topf in kühlem, dunklem Keller überwintern.
Konservieren: Trocknen, Einfrieren.
Achtung: Wird von Säuglingen und Kleinkindern schlecht vertragen!

Mein Tip: An seltene Arten kommt man oft nur durch Wurzelausläufer heran. Man gräbt – mit Erlaubnis des Besitzers natürlich – Wurzelausläufer mit jungen Trieben aus und setzt sie in einen kleinen Blumentopf.

Junge Blätter schmecken nußartig.

Die kugeligen roten Blüten erscheinen ab Juni.

Pimpinelle
Sanguisorba minor

Kleiner Wiesenknopf, Braunelle, Pimpernell, Köbelkraut, Rotkopf

Aussehen: In einer dichten Rosette wachsen kleine gezähnte Blättchen an langen Stielen. Ab Juni kugelige, rötlich-grüne Blüten an langen Stengeln.

Geschmack: Frisch, nußartig, etwas nach Gurken.

Verwendung: Junge Blätter an Salate, Eierspeisen, Soßen (Grüne Frankfurter Soße), Tomaten. Roh verwenden.

Anzucht: Mehrjährig. Dunkelkeimer. Wird ab April ins Freiland oder in Topf oder Kasten gesät, in dem sie wachsen soll. Sobald die Keimlinge sich fassen lassen, ausdünnen. Wenn sie zu dicht stehen, gedeihen sie schlecht. Lassen Sie im Freiland zwischen den Pflanzen 20cm Platz. In einem Topf mit 12 cm Durchmesser nur eine Pflanze stehen lassen – den kräftigsten von 3 bis 4 Keimlingen.

Substrat: 2/3 Gartenerde oder TKS 2, 1/3 Sand mit etwas Kalk.

Standort: In tiefen Töpfen oder Kästen auf Balkon und Terrasse, im Winter am Fenster. Die Stiele hängen im Topf weit über den Rand. Daher gut geeignet für Rand oder Ecke eines Kräuterkastens oder Hochbeetes.

Licht: Hell und sonnig, vor allem im Winter am Fenster.

Wärme: Nicht kälteempfindlich, wächst auch in kühlen Sommern und im Freiland bis zu den ersten Frösten. Ernte bis zum ersten Schneefall.

Gießen: Eher trocken, wenn Blätter hängen, erholt sich die Pflanze nach durchdringendem Gießen schnell wieder.

Düngen: Nicht nötig.

Ernten: Ständig frische, hellgrüne Blättchen.

Vermehren: Samen sät sich im Freiland selbst aus.

Winter: Für die Ernte im Zimmer Mitte August nochmals eine Portion aussäen und die Töpfe mit den Jungpflanzen Ende Oktober mit ins Haus nehmen.

Konservieren: Einfrieren, besser den Winter über weitererernten.

Wichtig: Blüten werden abgeschnitten, so entwickeln sich mehr Blätter. Im Freiland wird so verhindert, daß die Pflanze sich versamt – Pimpinelle kann sich nämlich wie Unkraut ausbreiten.

Mein Tip: Säen Sie Pimpinelle unter ein Hochstämmchen im Kübel, das schützt die Erde der Kübelpflanze vor Verdunstung.

Die Blättchen der Jungtriebe sind noch weich.

Die Blüte im März ist erste Nahrung für Bienen.

Rosmarin
Rosmarinus officinalis

Hochzeitsmaie, Kranz-
kraut, Weihrauchwurz,
Rosemarie

Aussehen: Bis 1 m hoher,
verholzter Strauch mit
blaugrünen, nadelähn-
lichen Blättern, die unter-
seits weiß sind. Ab März
über und über mit blauen
Lippenblüten bedeckt.
Geschmack: Herb-bitter,
sehr aromatisch.
Verwendung: Zu südli-
chen Gerichten, Braten,
hellem Fleisch, Nudeln,
Tomaten, Gemüsen. Zum
Grillen ins Feuer streuen.

Wird mitgegart, wirkt ver-
dauungsfördernd.
Anzucht: Mehrjährig.
Rosmarin kann man aus-
säen, aber er wächst sehr
langsam. Bis zur ersten
Ernte muß man 3 Jahre
warten. Besser kauft man
1 oder 2 Jungpflanzen.
Substrat: 1/2 Gartenerde
oder TKS 2, 1/4 Kompost,
1/4 Sand oder feiner Kies,
etwas Kalk. Verdichtete
Erde verträgt er nicht.
Standort: Im Kübel auf
Balkon und Terrasse. Im
Freiland mit Topf in den
Boden einsenken, damit
die Pflanze im Winter ins
Haus genommen werden
kann.
Licht: Sehr hell, sonnig.

Wärme: Je wärmer, desto
besser das Aroma. Ros-
marin verträgt bis −5 °C
Frost, bei tieferen Temperaturen ins Haus stellen.
Gießen: Feucht halten.
Düngen: Nicht notwen-
dig.
Ernten: Ständig, frische
Triebe. Aber nicht zu sehr
»ausplündern« – die
Pflanzen können dann
nicht weitertreiben. Triebspitzen so abschneiden,
daß die Pflanze eine hüb-
sche Form bekommt. Im
Winter nimmt man weni-
ger ab, da die Pflanze erst
ab Februar Triebe schiebt.
Vermehren: Von Jung-
pflanzen kann man schon
im zweiten Jahr Steck-
linge machen. Pflanzen,
die älter als 5 Jahre sind,

werden unergiebig. Also
für Nachwuchs sorgen.
Winter: Im Haus über-
wintern, an Tagen ohne
Frost ins Freie stellen, am
besten in die Sonne. Das
ist gut fürs Aroma.
Konservieren: Nicht
nötig, da auch im Winter
geerntet werden kann.
Achtung: Kein Rosmarin-
bad am Abend – stört den
Schlaf!

Mein Tip: Wenn Sie beim
Essen nicht gern auf die
»Nadeln« beißen, kön-
nen Sie Rosmarin in einer
Gewürzmühle mahlen
oder den ganzen Zweig
mitkochen und vor dem
Servieren herausnehmen.

Die jungen Blätter sind milder im Aroma.

Hübsch und eßbar: Gartensalbei »Tricolor«.

Salbei
Salvia officinalis

Scharlachkraut, Königs-
salbei, Zahnblätter

Aussehen: Stark verholzter, etwas sparriger, im-
mergrüner Strauch (30
bis 50 cm hoch) mit silbrig
behaarten blaugrünen,
eiförmigen Blättern. Im
Juli/August an langen
Stielen blaue oder violette
Blüten.
Geschmack: Streng würzig, bitter.
Verwendung: Blätter
sparsam zu Fleisch, Schin-
ken, mediterranen Eintöp-
fen, in Butter gebraten zu
Nudeln. Wird immer mit-
gegart. Gut als Tee zum
Gurgeln.
Anzucht: Mehrjährig.
Dunkelkeimer. Aus Samen
zu ziehen – ab April auf
der Fensterbank, ab Mai
ins Freiland. Sind die
Keimlinge 10 bis
15 cm groß, setzt man
3 oder 4 zusammen in
einen größeren Topf, im
Freiland an den vorgese-
henen Platz.
Substrat: 1/2 Garten-
erde, 1/4 Kompost,
1/4 Sand, etwas Kalk.
Standort: In Töpfen und
Kästen auf Balkon und
Terrasse. Im Blumen-
kasten vor südlichem Bal-
kon, im Freiland an sehr
sonnigem Platz. Im Som-
mer ins Freie stellen,
Aroma entwickelt sich
besser in der Sonne.
Licht: Sehr hell, auch im
Winter am Fenster.
Wärme: Je wärmer, desto
besser das Aroma.
Gießen: Eher trocken als
zu feucht halten.
Düngen: Nicht notwen-
dig.
Ernten: Die kleinen Blättchen der Jungpflanzen
eignen sich besonders
zum Würzen – ihr Aroma
ist noch nicht so kräftig.
Da man wenig braucht,
wächst Salbei schnell
heran. Man kann ihn im
August zurückschneiden
und die Blätter trocknen.
Die Pflanze treibt vor dem
Winter nach.
Vermehren: Durch Ab-
senker im Juni.

Winter: Kann im Freien
überwintern. Bei Tempe-
raturen unter −10 °C be-
deckt man ihn besser mit
Laub oder kurzfristig mit
Noppenfolie. Im Topf nur
bei Frost ins Haus stellen–
kühl und hell.
Konservieren: Trocknen.

Mein Tip: Versuchen Sie
einmal den aromatischen
Muskatellersalbei *(Salvia
sclarea)*. Er wird haupt-
sächlich für pikante Süß-
speisen verwendet. Einige
im Handel angebotene
Ziersalbeisorten und Wie-
sensalbei sind zum Wür-
zen nicht geeignet.

Ernte das ganze Jahr über: Schnittlauch.

Milder Knoblauchgeschmack: Knolau.

Schnittlauch
Allium schoenoprasum

Pfannkuchenkraut, Graslauch, Schnittling

Aussehen: Aus winzigen Zwiebeln in dichten Wurzelklumpen wachsen röhrenförmige, grüne Lauchblätter. Ab Juli rosa Scheindolden auf festen Stengeln.
Geschmack: Scharf nach Zwiebeln.
Verwendung: Zu Salaten, Suppen, Quark, Eiern, Kartoffeln, Pfannkuchen, aufs Butterbrot. Nicht mitkochen.

Anzucht: Mehrjährig. Im April direkt ins Freiland oder in den Topf. Dicht säen, denn es soll ja ein dichter »Stock« entstehen. Nicht zu früh ernten, sonst geht die Pflanze ein. Schneller geht es, wenn man im Frühjahr 1 oder 2 Schnittlauchstöcke kauft. Wenn Sie viel Schnittlauch brauchen, sollten Sie immer wieder neu aussäen, denn gerade im Topf erschöpft sich die Pflanze schnell.
Substrat: 1/2 Gartenerde, 1/2 Kompost, etwas Kalk.
Standort: In Töpfen auf Balkon, Terrasse und am Fenster, in Blumenkästen auch vor einem Nordfenster. Im Freien.

Licht: Sonne, Halbschatten.
Wärme: Eher kühl.
Gießen: Feucht halten, keine Staunässe.
Düngen: Ist kein Kompost vorhanden, organischen Dünger geben. Mit Brennesselbrühe düngen.
Ernten: Am besten immer nur die Hälfte der Röhrchen abschneiden. Die nächste Hälfte erst, wenn die neuen Lauchröhrchen nachgewachsen sind.
Vermehren: Durch Teilung des Stockes im Frühjahr oder Herbst.
Winter: Im Freiland kein Winterschutz. Im Topf trocken und kühl stellen.
Konservieren: Einfrieren, besser auf der Fensterbank frisch ernten.

Mein Tip: Wenn Sie Schnittlauch im Freiland haben, können Sie ihn so fürs Fensterbrett vorbereiten: Nehmen Sie die Zwiebelchen im Herbst aus der Erde und lassen sie 4 bis 6 Wochen trocken liegen. Kurzfristiger Frost schadet nicht. In einem Topf wächst er am Fenster gut heran. Ist er erschöpft, kommt er wieder in den Garten.

Noch ein Tip: Knolau ist eine Kreuzung zwischen Knoblauch und Schnittlauch. Die Blätter sind flach, der Geschmack milder als Knoblauch. Fein zu Salaten und aufs Brot.

Sommerthymian für den Balkon.

Zarte rosa Blüten im Sommer.

Thymian
Thymus vulgaris

Quendel, Wurstkraut, Feldkümmel, Demut

Aussehen: Stark verholzter, kleiner Strauch mit schmalen, graugrünen, winterharten Blättchen. Ab Juni viele rosa Blüten.
Geschmack: Stark aromatisch, zartbitter.
Verwendung: Blätter, Blüten, Triebe zu Fleischgerichten, Nudeln, Eintöpfen, Kartoffeln, Wild. Wird mitgekocht, macht Speisen bekömmlich.

Anzucht: Mehrjährig. Für die Zimmerkultur kann man Thymian aus Samen ziehen. Die Keimlinge wachsen langsam, breiten sich, solange die Stengel noch weich sind, nach allen Seiten aus und hängen über den Topfrand. Wenn man sie immer wieder in den Topf zurückbiegt, bildet sich ein Polster. Einfacher ist es, Jungpflanzen zu kaufen. Man kann dann sofort ernten. Im Freien wächst Thymian nach Anfangsschwierigkeiten zügig heran. Hier eignet sich besonders Deutscher oder Winterthymian, der Frost aushält. Für Balkon und Terrasse eignet sich Französischer Thymian, auch

Sommerthymian genannt, der schneller wächst, aber nicht winterhart ist.
Substrat: 1/2 Gartenerde oder TKS 2, 1/4 Kompost, 1/4 Sand, etwas Kalk.
Standort: In Töpfen, Kästen und Schalen auf Balkon und Terrasse, im Blumenkasten am Fenster, im Freiland auch im Steingarten.
Licht: Viel Sonne.
Wärme: Bestes Aroma an heißen Tagen.
Gießen: Eher trocken.
Düngen: Nicht notwendig.
Ernten: Ständig.
Vermehren: Durch schwach verholzte Stecklinge im Juli/August.

Winter: Im Frühherbst schneidet man den Strauch um etwa 2/3 zurück, dann verzweigt er sich im nächsten Jahr stärker. Die abgeschnittenen Zweige trocknet man als Kräuterstrauß. Im Freiland ist Deutscher Thymian winterhart. Töpfe und Kästen bei Dauerfrost ins Haus nehmen.
Konservieren: Trocknen, Einfrieren.

Mein Tip: Nehmen Sie von einem Spaziergang einmal Feldthymian (Quendel) mit nach Hause. Er schmeckt zarter als Gartenthymian.

Arten- und Sachregister

Die **halbfett** gesetzten Seitenzahlen verweisen auf Farbfotos und Farbzeichnungen. U = Umschlagseite.

Bücher,
die weiterhelfen

Kreuter, M.-L.: *Der naturgemäße
Kräutergarten*. BLV Verlag,
München
Pahlow, M.: *Heilpflanzen-
Kompaß*. Gräfe und Unzer
Verlag, München
Pahlow, M.: *Das große Buch
der Heilpflanzen*. Gräfe und
Unzer Verlag, München
Podlech, D.: *GU Naturführer Heil-
pflanzen*. Gräfe und Unzer
Verlag, München
Recht, Ch.: *GU Kompaß Küchen-
kräuter*. Gräfe und Unzer Verlag,
München
Stobart, T.: *Lexikon der Gewürze*.
Hörnemann Verlag, Bonn

Biogärtnern – leicht gemacht. Mit GU.

Kerngesundes Obst so richtig zum Reinbeißen ziehen Sie jetzt problemlos selbst. 14,80 DM.

Nur ein einsamer Schnittlauchtopf auf der Fensterbank? Ernten Sie ab sofort Gesundheit und Genuß aus dem Vollen. 14,80 DM.

Damit Himbeeren, Johannisbeeren & Co wieder zum gesunden Vergnügen werden. 14,80 DM.

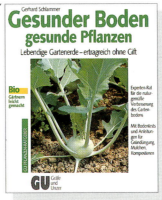

Damit schaffen Sie die Grundlage zum erfolgreichen Biogärtnern: Denn nur ein gesunder Gartenboden ohne Gift sorgt für gesunde Früchte, die ohne Angst verzehrt werden können. 16,80 DM.

Mehr draus machen. Mit GU.

Die Fotos auf dem Umschlag:
Umschlagvorderseite: Basilikum.
Umschlagseite 2: Kräuter auf der
Fensterbank; von links nach rechts Sal-
bei, Krauses Basilikum »Green Ruffles«,
Basilikum »Dark Opal«, Petersilie und
Zitronenmelisse.
Umschlagseite 3: Apothekergarten.
Umschlagrückseite: Kräuter im Zier-
garten.

Die Fotografen:
Burda/Mein schöner Garten: Seite 27,
38, 53, 59 re.; Busek: Seite 40 li., 60 li.;
Eigstler: Seite 52 li., 58 li.; Eisenbeiss:
Seite 42, 44, 46 li., 48 re.; Felbinger:
Seite 24, 55 li.; Greiner und Meyer: Sei-
te 34, 64/U3; König: Seite 49 re., 54 li.;
Marktanner: Seite 10; Reinhard: Seite 3
re., 17, 31, 56; Reuter: Seite 49; Ried-
miller: Seite 3 Nr. 4, 51, 59, li.; Scherz:
Seite 3 li.; 48 li.; Teubner: Seite 5, 32;
Skogstad: U 1, U 2, U 4 und alle übrigen
Bilder.

CIP-Titelaufnahme
der Deutschen Bibliothek
Küchenkräuter biologisch ziehen: am
Fenster, auf dem Balkon und im Garten;
so gedeihen sie am besten; Experten-
Rat für Anzucht, Pflege und Vermeh-
rung; mit Küchentips / Christine Recht.
Mit Farbfotos bekannter Pflanzenfo-
togr. Zeichn. von Ushie Dorner. 3. Aufl.
– München: Gräfe u. Unzer, 1991
(GU-Pflanzen-Ratgeber)
1. Aufl. u.d.T.: Recht, Christine:
Küchenkräuter selber ziehen
ISBN 3-7742-4662-9
NE: Recht, Christine (Mitverf.)

3. Auflage 1991
© 1989 Gräfe und Unzer GmbH,
München

Redaktionsleitung: Hans Scherz
Redaktion: Renate Weinberger
Lektorat: Elke Angres
Herstellung: Johannes Schmidt-Thomé
Produktion: Helmut Giersberg
Umschlaggestaltung: Heinz Kraxen-
berger
Druck und Bindung: Kösel

ISBN 3-7742-4662-9